きものリメイク スタイルブック

今、着たい服が作れる

永岡書店

きものリメイクをはじめる前に…

まず、家のたんすを開けてみましょう

きものは、長い歴史の中で受けつがれ、育まれてきた世界に誇れる日本の伝統文化です。1枚のきものが出来上がるまでには、分業化された複雑な工程と、たくさんの職人の技に、長い時間が費やされています。だからこそきものは、昔から高価なものとされてきました。

たとえば、あなたの家のたんすに、しまいっぱなしのきものがあるとします。それがたとえ高価なものではなくとも、そのきものにもきっと、あなたの家族にとっての思い出やエピソードが少なからずあることでしょう。だとしたら、きものとして二度と袖を通すことはなくても、簡単に捨てることはできないはずです。もう一度、そのきものに命を吹き込むことができたら、どんなに素敵でしょう。

今の時代、安くて手頃で、なおかつおしゃれな服が簡単に買える時代です。おしゃれを楽しむ人にとって、それは決して悪いことではありません。でも、やはり本当に上質なもの、人の手をかけ、たくさんの人々に慈しまれてきたきものの魅力を、ただ眠らせておくのはもったいないと思いませんか？

昨今の温暖化や住宅事情により、価値のある古いきものの保存も容易ではありません。だからこそ、もししまいっぱなしのきものがあるなら、すぐにたんすを開け、きものを活かすことを見直してみましょう。今こそ、そのタイミングなのかもしれません。

表地だけでなく、羽裏や八掛、襦袢も使えます

きものは基本的に、外から見えない部分にも絹を使っています。つまり表地と同じように、すべて使えるということです。とくに羽織の裏や、八掛、襦袢は、今では無地が主流ですが、昔の人は見えないところに贅をつくし、おしゃれを楽しんでいたため、斬新な柄や渋色の布が隠れていることも。遊び心のある柄を用いたものが多く、その価値も高いとされています。とくに男性用の羽裏は、その価値も高いとされています。日本人の伝統的な美意識、"粋"の精神の現れでもあった羽裏や襦袢にも、目を向けてみましょう。

羽織〈表〉

羽織〈裏〉

汚れや虫食い、灼けたきものもあきらめないで

古いきものほど傷やシミ、虫食いのダメージはつきものです。その部分は、避けて裁断して使ってもいいですし、他の布を足したり、アップリケしても、素敵なアクセントになるかもしれません。では、日に灼けてしまったきものはどうでしょう。同系色のシフォンと二枚重ねにすることで、対処できます。きものの地柄をうっすらと感じさせながら、色褪せはカモフラージュ。要はアイディア次第で、どうにでもなるのです。すぐにあきらめず、可能性を探りましょう。

喪のきものをオールマイティなスーツに

どこの家庭にも1枚はある喪のきもの。持ってはいても、突然の哀しみの席に、しっぱなしのきものを着るわけにはいかず、結局洋装で、という人も多いでしょう。だったら、喪服をスーツにリメイクしてしまえばいいのです。黒いスーツに生まれ変わったきものは、冠婚葬祭はもちろん、普段のお出かけや食事のシーンで使えます。また、喪服には家紋が入っています。大事な家紋入りの喪服こそ、やはり自分で着るべきです。小さく図案化された美しい紋章は、ジャケットの後ろ中心や胸元に配置すれば、立派なアクセントにもなります。

手持ちの服とあわせやすいきものを活かして

きもの独特の柄は魅力ですが、反面それのみばかり目立って、せっかくリメイクしたのに結局たんすに逆戻りなんてことも。リメイクする服は、いつものワードローブに馴染むものがおすすめです。きものとしては今ひとつおもしろみにかけたり、地味なものほど、普段使いできるアイテムに作りかえると、思いも寄らず魅力的になることがあります。また、きものとして着るには派手な絵羽柄こそ、服に仕立て直すと、裁断のため柄がこわれ、柄の持つ印象がソフトになるという効果もあります。

季節を問わず、オールシーズン着まわせます

四季のある、日本の気候風土に適してきたきもの。きもの素材の主流である絹は、冬は暖かく、夏は涼しいと言われています。そのきもので作られた服なら、1枚ではもちろん、重ね着をすれば一年中着ることができます。また、逆を言えば、夏のきものとされる絽や紗も、服になれば夏以外の季節も楽しめます。とくに本書では、チュニックやブラウス、ワンピースなど、重ね着しやすいデザインを多くご紹介しています。このリメイク服で、ぜひおしゃれの幅を広げてください。

目次

- 2 きものをほどく、きもの地を縫う
- 6 きものリメイクをはじめましょう
- 7 *How to Re-make* きものの基礎用語

きもの地で服を

コート&ジャケット

- 11
- 12 Aラインコート（無地）
- 12 Aラインコート（柄）
- 13 Aラインコート・作り方
- 14 衿つきAラインコート
- 15 フレアドレスコート
- 16 フレアドレスコート・作り方
- 17 フレアドレスコート
- 18 フルジップアップジャケット
- 19 ポンチョコート／スタンドカラージャケット
- 20 ミリタリーコート

ワンピース

- 22
- 22 カシュクールワンピース
- 23 カシュクール衿つきワンピース
- 24 カシュクールワンピース
- 25 カシュクール衿つきワンピース・作り方
- 26 ギャザーフレアワンピース
- 27 ギャザーフレアワンピース・作り方
- 28 ギャザーワンピース
- 29 ミニワンピース／クラシカルワンピース
- 30 マーメイドワンピース
- 31 チュニックワンピース
- 32 衿ギャザーワンピース
- 33 コクーンワンピース
- 34 コクーンワンピース（無地）／（柄）
- 34 バッククロスロングワンピース

チュニック

- ポケットつきチュニック

フォーマル

- 60
- 60 ケープスリーブジャケット
- 61 ケープスリーブジャケット・作り方
- 62 デザインラペルジャケット&ロングスカート
- 63 きものスリーブドレス

ウエディング

- 64
- 64 母から娘へ贈るきものウエディング

リメイク服の作り方

- 65
- 66 *How to Sewing* リメイクをするときに…

コート&ジャケット

- 73
- 73 衿つきAラインコート・作り方
- 74 フルジップアップジャケット・作り方
- 75 ポンチョコート・作り方
- 76 スタンドカラージャケット／ミリタリーコート・作り方

ワンピース

- 77
- 77 ギャザーフレアワンピース・作り方
- 78 ギャザーワンピース・作り方
- 79 ミニワンピース・作り方
- 80 クラシカルワンピース・作り方
- 81 マーメイドワンピース・作り方
- 82 チュニックワンピース・作り方
- 83 衿ギャザーワンピース・作り方
- 84 コクーンワンピース（無地）／（柄）・作り方
- 85 バッククロスロングチュニック・作り方

チュニック

- 35 ポケットつきチュニック・作り方
- 36 開衿チュニック
- 37 スタンドカラーチュニック／バッククロスチュニック
- 38 スキッパーチュニック
- 39 フラットチュニック

ブラウス

- 40 パフスリーブブラウス
- 41 キャップスリーブブラウス／きものスリーブブラウス／Vネックブラウス／ドレープネックブラウス（ショート）
- 42 ドレープネックブラウス（ロング）
- 43 ドレープネックブラウス（ロング）・作り方

マーガレットボレロ＆ベスト

- 44 フレアロングベスト
- 45 ロングベスト
- 46 2ウェイマーガレット
- 47 2ウェイマーガレット・作り方

パンツ

- 48 ワイドパンツ
- 49 ワイドパンツ・作り方
- 50 ガウチョパンツ／セミワイドパンツ
- 51 兵児帯パンツ＆マーガレット

セットアップ

- 52 テーラードジャケット＆8枚はぎスカート
- 53 ドレープショートジャケット＆タイトスカート
- 54 ドレープロングジャケット／ドレープショートジャケット＆タイトスカート・作り方
- 56 ノーカラージャケット・作り方
- 57 ノーカラージャケット＆ナローラインスカート
- 58 アメリカンスリーブブラウス＆タックスカート
- 59 ブラウススーツ

チュニック

- 86 開衿チュニック・作り方
- 87 スタンドカラーチュニック・作り方
- 88 スキッパーチュニック・作り方
- 89 フラットチュニック・作り方

ブラウス

- 90 パフスリーブブラウス・作り方
- 91 きものスリーブブラウス・作り方
- 92 セミワイドパンツ・作り方
- 93 Vネックブラウス・作り方

パンツ

- 94 ガウチョパンツ・作り方
- 95 兵児帯パンツ＆マーガレット・作り方

マーガレットボレロ＆ベスト

- 96 フレアロングベスト・作り方
- 97 ロングベスト・作り方

セットアップ

- 98 テーラードジャケット＆8枚はぎスカート・作り方
- 100 アメリカンスリーブブラウス＆タックスカート・作り方
- 102 ブラウススーツ／キャップスリーブブラウス・作り方

フォーマル

- 104 デザインラペルジャケット＆ロングスカート・作り方
- 106 きものスリーブドレス・作り方
- 107 ナローラインスカート・作り方

ウエディング

- 108 白無垢コサージュつきドレス・作り方
- 110 振袖ドレス・作り方
- 111 白無垢ホルターネックドレス・作り方

きものの基礎用語

きものをリフォームするにあたり、よく使われる
きものの種類、素材、織りなど、
知っておくと便利な用語を簡単にご説明します。

◆袷（あわせ）
単衣に対し、裏をつけて仕立てるきものや帯のこと。基本的に、夏用の着物以外は、すべて袷を用いる。

◆居敷当て（いしきあて）
単衣のきものの裏で、尻にあたる部分につける布のこと。補強と、たるみを防ぐのが目的。

◆大島紬（おおしまつむぎ）
略して大島ともいう。鹿児島県奄美大島の名瀬地区を中心に生産される絹織物。絣柄を主とした高級着尺地ではあるが、普段着として着られる。

◆おくみ
きものの前の左右にあり、上は衿、下は裾に続く部分のことをいう。

◆お召し（おめし）
お召し縮緬の略称。糸の段階で精練し、先染めしたのち織り上げた先染めきものの一種。布地が縮緬なので、しっかりしていて着やすい。

◆錦紗（きんしゃ）
縮緬の一種。ふつうの縮緬より細い糸で織るので、シボが細かく、やわらかい生地をいう。錦紗縮緬の略。

◆小紋（こもん）
小紋染めの略。小さい紋様を繰り返し染めした伝統的な染めの一種。型染めした伝統的な染めや街着として着られる。

◆地紋（じもん）
染織の技法において、一般に2つの

対立する模様が織物に置かれるとき、下の柄、つまり地に置かれる柄をいう。これに対して上の柄は上紋（うわもん）といい、紬糸で織ったきもの地。大島紬や結城紬が有名。

◆紬（つむぎ）
紬糸で織ったきもの地。大島紬や結城紬が有名。

◆紗（しゃ）
からみ織りの一種。布面にすき間がある、さらりとした盛夏用の生地をいう。

◆襦袢（じゅばん）
和装の際の下着の一種。肌襦袢、半襦袢、長襦袢がある。なかでも長襦袢は、下に着用する下着の線を整え、きものを着やすくの線を出す役割も。

◆上布（じょうふ）
細かい麻糸を平織りした上等な麻布のこと。

◆縮緬（ちりめん）
染めのきものの地として多く使われる。強くよった横糸を使って織り、布になったとき、よりが戻って縮む。その性質を利用して作られた布地。

◆正絹（しょうけん）
素材が絹100％で、混じりけのないもの。

◆八掛（はっかけ）
袷のきものの裾のほうの裏地のこと。裾まわし、裾とりなどともいう。

◆羽裏（はうら）
羽織の裏地に用いる布地のこと。頻繁に脱ぎ着するため、滑りのよい羽二重や綸子を用いる。とくに男性用は、額裏とよぶ、絵羽柄の贅沢なものもある。

◆留袖（とめそで）
振袖の袖を短く詰めたことが、留袖という名前の由来。五つ紋をつけた既婚女性の正式礼服として着られる。

◆訪問着（ほうもんぎ）
セミフォーマルとして用いるきもの。華やかな絵羽模様（縫い目でとぎれない絵画風の模様）の晴れ着が一般的。

◆道行（みちゆき）
防寒用やちり除けとして戸外で着る、女性用の和装コートのこと。角形により平織りした生地で、多くは普段着として着られる。昨今のアンティークきものブームで人気が再然。

◆無双仕立て（むそうじたて）
表地を裏まで引き返し、同じ生地で1枚の着物に仕立てること。

◆銘仙（めいせん）
密に平織りした生地。多くは普段着として着られる。昨今のアンティークきものブームで人気が再然。

◆綸子（りんず）
地紋のある織物の一種。白無垢は、白生地のままの綸子を用いているもの。

◆絽（ろ）
紗と同様、独特のすき間がある生地。夏用の単衣に用いられる。

◆単衣（ひとえ）
裏地をつけていないきものや帯のこと。主に夏に着る。居敷当てがついているものも。

◆兵児帯（へこおび）
並幅の布をそのまましごき、絞りなどが男帯のこと。生地は縮緬、絞りなどが使われる。

How to Re-make

きものをほどく、きもの地を縫う

さあ、きものリメイクをはじめましょう

まずはじめに、自分できものをほどき、
洗うことから始めましょう。
お店に頼んでリメイク服を作るときでも、
"ほどいて、洗う"作業はぜひ自分で
やっておきたいもの。この作業をお店に頼めば、
それなりに金額がかかります。
思っているよりも難しくありません。
コツやポイントをお教えします。

掛け衿
袖
裏衿
衿
前身頃
居敷当て
単衣のきものの場合
ついていることもある
おくみ
八掛

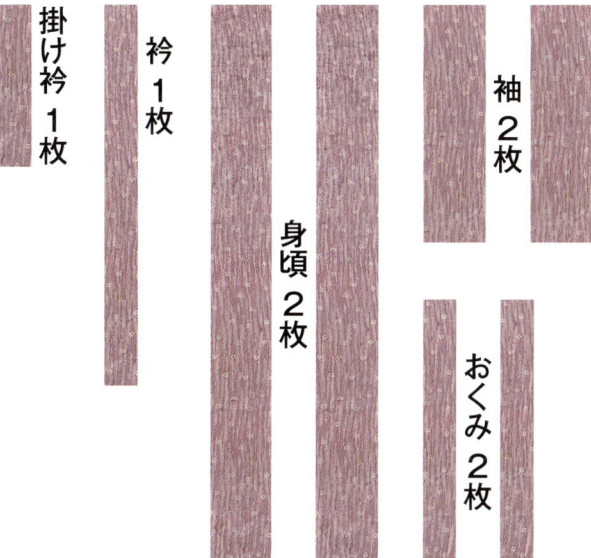

ほどくと…

掛け衿 1枚 / 衿 1枚 / 身頃 2枚 / 袖 2枚 / おくみ 2枚

きものの名称

きものの名称は知っておくと便利です。
ただ、八掛は裾まわしと、
呼ばれることもあります。

きものをほどくとこんなサイズ

きものや帯により、長さや幅は多少異なります

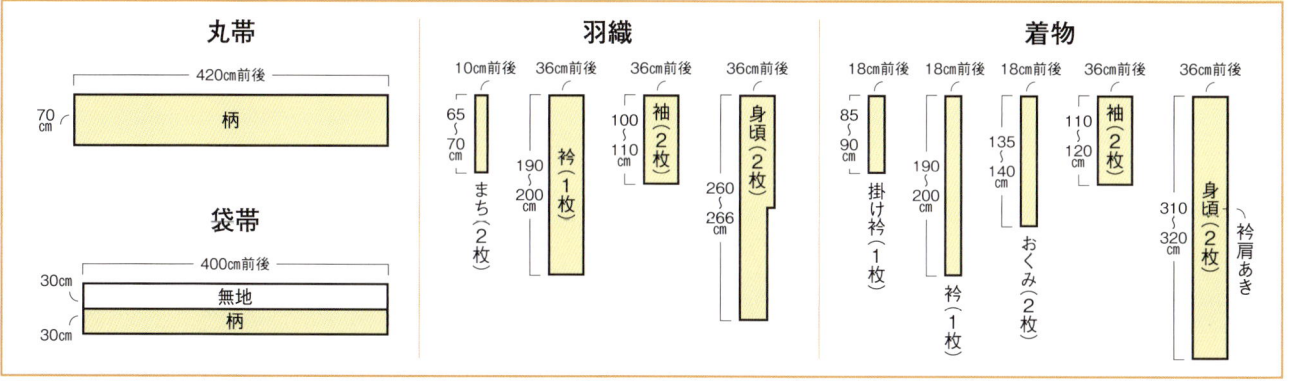

丸帯　420cm前後 / 70cm　柄

袋帯　400cm前後 / 30cm 無地 / 30cm 柄

羽織
- まち（2枚）　10cm前後　65〜70cm
- 衿（1枚）　36cm前後　190〜200cm
- 袖（2枚）　36cm前後　100〜110cm
- 身頃（2枚）　36cm前後　260〜266cm

着物
- 掛け衿（1枚）　18cm前後　85〜90cm
- 衿（1枚）　18cm前後　190〜200cm
- おくみ（2枚）　18cm前後　135〜140cm
- 袖（2枚）　36cm前後　110〜120cm
- 身頃（2枚）　36cm前後　310〜320cm　衿肩あき

リメイクの手順

1. 糸を切り、きもの地をほどく
2. 糸を取り去る
3. 布地が弱っていないかチェック
4. 布地を洗う
5. 布地を陰干しする
6. アイロンをかける

＊ここまでの作業は、お店にリメイクを頼む場合も、自分で行うとよいでしょう。

7. 型紙を置いて布地を裁つ
8. 縫う

1 糸を切り、取り去る

きものは、ほどけないようにしっかりと縫ってあります。ほどく順番に決まりはありません。ここではわかりやすいように、衿からはじめ、袖、おくみ、身頃の順にはずしていきます。途中、表と裏もはずし、すべてをバラバラの布にします。このとき、かんぬき留めしているところんぬき留めには充分な注意が必要です。袖口や袖つけなど、よく動くところはほどけにくいよう、何度もすくい縫いしてありますので、すべての糸を切り、ほどいていきましょう。とくに古い物は、生地に縫い糸が食い込んでしまっていたり、糸のすべりが悪くなり、生地そのものが弱っていることもあるもの。一気に糸を引き抜こうとすると、生地を傷めてしまいます。糸切りばさみで少しずつ、慎重に縫い糸

を切ってください。知らずに無理矢理に布を引っ張ると、破れかねません。あせらず、丁寧にほどきます。

また、きものの衿そのものにすり切れが見られるなど、きもの自体が弱くなっていることもあります。ほどく前には、布を軽く、縦や横に引っ張ってみて状態を確認しましょう。もしもその時点で破れてしまうようなら、洋服にするのは無理かもしれません。せっかく作っても、すぐにダメになってしまうのは悲しいですし、もったいないことです。始めに見極めることが大切です。

次に、糸を取り去ります。着物は細かく縫われているため、ほどくと生地に多くの縫い糸が残ります。じつは、これを取るのがひと苦労。途中で生地をバサバサとこまめにはたくのはもちろん、ロールクリーナーを使用したり、ガムテープを中表にし、指に巻きつけるなどして糸を取り去りましょう。

きものとリメイクアイテムの相性

きもの地には、絹や木綿、縮緬などのやわらかいものから張りのある布や帯まで、質感もさまざまです。ゆるやかなドレープの入った厚地のウールのきもの地を用意しても、思い描いたシルエットは完成しません。やはり作ってしっくりくるアイテムは、ある程度決まってきます。だからリメイクするときは、柄や織り、色だけでなく、風合いも確かめながら、その布地が一番活きるアイテムを作りたいものです。

布地をチェックする

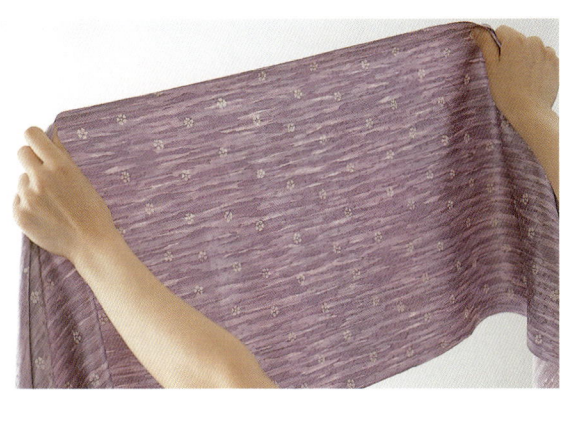

バラバラにした布地は、洗う前にもきちんとチェックします。布を広げ、光の方向に向けて透かせば、傷んだ部分が見つけやすいでしょう。表面をパッと見ただけではわからない小さな虫食いや、薄くなって、生地が弱っている部分が見つかるかもしれません。ひざや衿、裾など、すれやすい部分はとくに気をつけて見てみましょう。

このほか、シミなどの汚れもここでしっかりチェック。もし虫食いやシミを見つけてしまった場合は、その部分に糸で印をつけておきます。慎重にすすめるためにも、事前に必ず試し洗いをすることをおすすめします。その部分は避けて裁断したり、パッチワークするなどして対処しましょう。

また、傷みの有無にかかわらず、布地の表裏の区別がすぐにわかるように、この段階で、表面に結び玉を出して印をつけておくと、後の裁断の時に便利です。

布地を洗う

一番、神経を使いたいのが、洗いの作業です。時間をかけて丁寧にほどいた布地が、洗うことで弱くなったり、色落ちするようではあきらめきれません。

きものは掛け衿、羽織なら袖口の口布を、水につけて少し手荒にもみ洗いします。タオルで水分を吸い取り、生乾きの段階でドライアイロンをかけます。表面の荒れや縮みなどの風合いの変化、色落ちや色移りを、しっかりチェックします。もしここで、水洗いに適さないと思うものは、ドライクリーニングに出しましょう。

試し洗いで問題がなかった

ミシン針や糸は布地に合わせて選ぶ

ミシンをかける場合、注意したいのは糸と針。きもの地に合った、相性のいいものを選びましょう。

薄地の銘仙、小紋、お召し、絽、紗などを縫う場合は針は9番、糸はポリエステル50～60番がおすすめです。厚手の紬やウールには、針は11番、糸はポリエステル50番がおすすめです。糸は、劣化しやすい絹よりも、ポリエステルを選ぶと使いやすいでしょう。

着物地	錦紗	銘仙、絽、紗	紬、ウール
針	7#	9#	11#
地縫い糸	60#	50～60#	50#
ロックミシン糸	100#	90#	60#
まつり糸	まつり糸	まつり糸	まつり糸
ボタンつけ糸	細口	細口	20#

布地は、ひと晩汲み置きし、塩素が抜けた水に中性洗剤を溶かし、軽くふり洗いして、流水ですすぎます。きものの地は、たいていの場合、染料が出ます。慌てず、手早く水分をとってあげることが大切なので、長時間水につけたり、濡れたまま放置するのは禁物です。

そして、実際にリメイクしたあとの洗濯ですが、布地を水洗いしたものは、おしゃれ着洗い用の中性洗剤を使い、下着やシルクの服を洗うときと同じように洗います。ただし、色落ちの心配があるので、単品洗いが基本。また、布地をドライクリーニングに出したものは、やはり風合いが変わったり、縮みが出る可能性があるので、水洗いはしないほうが賢明です。

布地を干す

洗い終わったきもの地は、洗濯ネットに入れ、洗濯機で軽く脱水してから手早く干しましょう。

畳んだまま干して、布同士の間には、必ずアイロンネットや当て布をはさんでかけましょう。が重なっていると、色移りしてしまうことがあるので注意してください。2本のサオや、ハンガーにかけ、布地同士がくっつかないように干すのがポイントです。

そして必ず、風通しのいい場所で、陰干ししましょう。強い直射日光は布地を傷める元です。

アイロンをかける

半乾きのところで、アイロンをかけ、きれいな布に仕上げていきます。アイロンの温度は絹用に設定し、スチームは出さずに。アイロンと布地

の間には、必ずアイロンネットや当て布をはさんでかけましょう。

アイロンは、布地の上をすべらせるように動かすのがポイント。横に動かしてから縦へと、布地の目に注意しながらかけると、正しい織り目に戻ります。縮緬などは、布の風合いを保つために、アイロンを少し浮かしながら軽く押さえるようにかけます。

きものの幅36cmを活かす醍醐味

きものの反物の幅は、およそ33〜36センチと決まっています。それをすべて直線裁ちにし、仕立てるので、きものは皆、同じ形なのです。もちろん、最初から幅が決まっているということは、パターンをひく上で制約でもありますが、それがリメイクの楽しさです。一定ではない柄の向きをデザインで調整したり、布幅が必要な服を作るときは、他のきもの地や洋服地と組み合わせたり、自由な発想で楽しんでみましょう。

●この本で紹介している服は、基本的にM〜Lサイズです（詳細は67ページ「サイズとサイズ変更」を参照）。着丈、袖丈に関しては、各作り方に記載しています。

きもの地で服を

コート&ジャケット ◆◆◆ p.12~21
ワンピース ◆◆◆ p.22~33
チュニック ◆◆◆ p.34~39
ブラウス ◆◆◆ p.40~43
マーガレットボレロ&ベスト ◆◆◆ p.44~47
パンツ ◆◆◆ p.48~51
セットアップ ◆◆◆ p.52~59
フォーマル ◆◆◆ p.60~63
ウエディング ◆◆◆ p.64

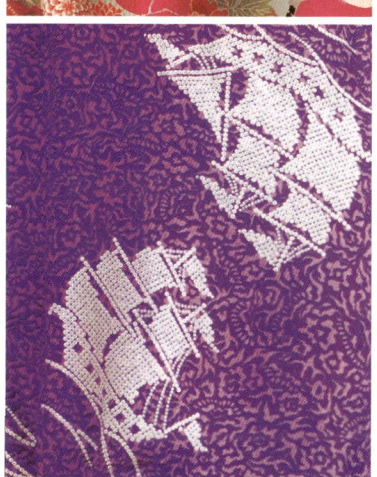

Aラインコート（無地）
作り方は14ページ

黒のきもの地を使って仕立てた、クラシカルな趣のAラインコート。ウエストには共地のベルトをつけ、ウエストをしぼればショートトレンチ風のシルエットを楽しめるように仕上げました。スカートにも、パンツにも合う、万能なデザインのコートです。

コート&ジャケット

きもの地で仕立てたコート&ジャケットは、主役級の存在感と独特の個性を存分に楽しめるアイテム。いつもの着こなしにさらっと羽織り、普段使いできるような、カジュアルなデザインに仕上げました。

Coat & Jacket

Aラインコート（柄）
作り方は14ページ

右ページのAラインコートを、銘仙のきもので。普段着に多い、カジュアルな銘仙ならではの柄使いが、モダンなデザインと相まってとても新鮮な印象になりました。同じ形のコートでも、無地と柄とでは、まったく異なる雰囲気と着こなしが楽しめます。

12・13ページ Aラインコート

着丈…83.3cm(柄) 73.3cm(無地)　袖丈…42cm

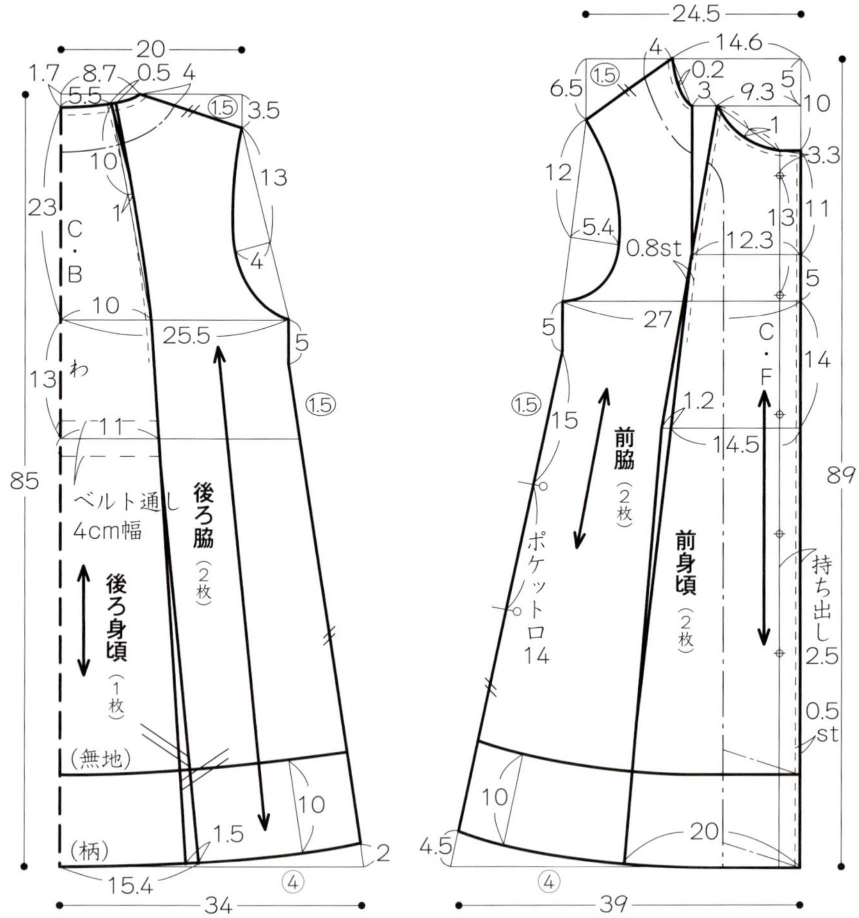

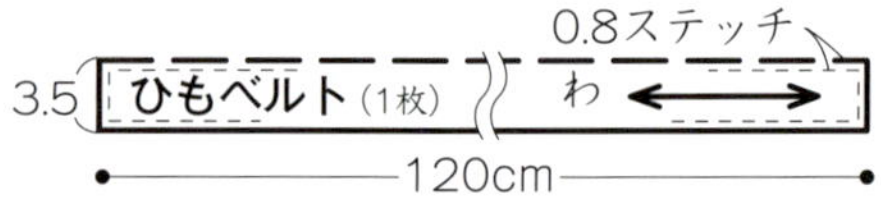

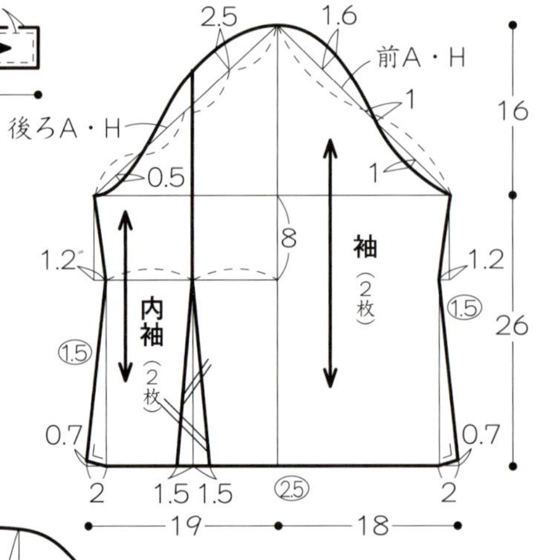

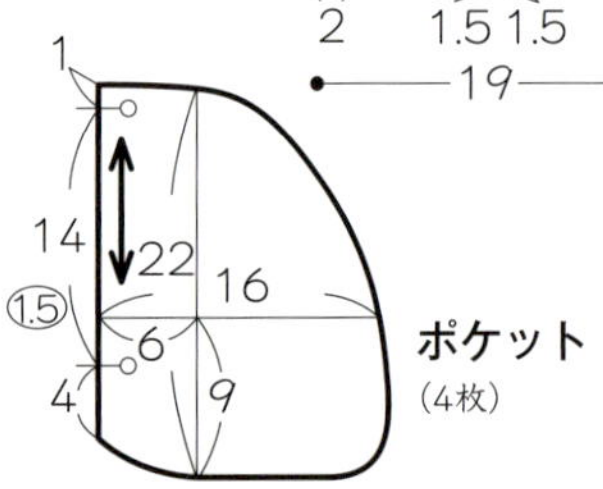

材料
- きもの…3／4枚
- 裏地…90cm幅×30cm（ポケット袋布、肩パッドくるみ分）
- 接着芯…90cm幅×1m（見返し、裾ヘム）
- 伸び止めテープ…1cm幅×3m（衿ぐり、前端、ポケット口）
- ボタン…直径3cm×1個
- スナップ…5セット
- 肩パッド…0.5cm厚×1セット

作り方
1. ポケットを作る
2. 前身頃と前脇布を縫う
3. 後ろ身頃と後ろ脇布を縫う
4. ロックミシンでぬいしろの始末をする
◆前、後ろともそれぞれぬいしろを2枚一緒にロックをかける。
5. 切り替え部にステッチをかける
◆後ろ中心部にベルト通しをつける場合は、このときにつける。
6. 脇を縫い、ポケットをつける
7. 肩を縫う
8. 見返しを作る
9. 身頃と見返しを中表に合わせて縫う
10. 9を表に返して、衿ぐり、前端にステッチをかける
11. 袖を作り、つける
12. 肩パッドをつける
◆肩パッドは裏地でくるみ止めつける。
13. 裾の始末をする
14. 第1ボタン位置にスナップとボタンをつける
15. 第2ボタン以下はスナップのみをつける
16. ひもベルトを作る

※製図上の○囲み数字は、ぬいしろです。指定以外はすべて1cm。

衿つきAラインコート
作り方は73ページ

Aラインコートの上品なシルエットを活かしながら、より着丈と袖を長く出した、衿つきのコートです。きもの地を選ばずに作れるコートですが、ハリのあるしっかりした布地を選ぶと、裾に広がったラインがきれいに出ます。

17ページ フレアドレスコート

着丈…100cm　袖丈…55cm

材料
きもの…1枚

作り方
1. 前身頃と前脇布を縫う
2. 後ろ身頃と後ろ脇布を縫う
3. 後ろ中心を縫う
◆ マチをつけ、後ろ中心を縫う。
◆ マチの部分のぬいしろは2枚一緒にロックをかける。
4. 衿を作る
◆ 衿の周囲を三つ巻き縫いする。
5. 肩を縫う
6. 脇を縫う
7. 袖を作る
8. 袖をつける
9. 裾の始末をする
10. 衿をつける
◆ 裾をあげてから衿をつける。
◆ 衿布の上に前身頃の表側を重ね折り伏せ縫いをする（A）。
※衿ぬいしろと、前身頃の端のぬいしろは幅が違うので注意して。
◆ 衿のぬいしろで、身頃のぬいしろを包むようにし、アイロンをかける。
◆ ぬいしろを身頃側に倒し、ぬいしろの端にミシンをかけ、身頃に縫いつける。

※製図上の○囲み数字は、ぬいしろです。指定以外はすべて1cm。

フレアドレスコート

やわらかな大島紬を用いたドレスコートは、さらっと羽織ってアウターとして、ベルトを使えばワンピースとして着こなせる便利な2ウェイタイプ。また、きもの1枚をほぼ余すことなく使いきるよう計算されたパターンを使っているため、無駄がありません。

♥前身頃をカシュクールのように、重ねられるよう仕立ててあるため、手持ちのベルトを使えば、ワンピースに早変わり。前を合わせたときに生まれるドレープが、優雅さをアピール。

フルジップアップジャケット
作り方は74ページ

渋めの柄を配したウールの羽織から、スタンドカラーのジップアップジャケットを。高さを出したスタンドカラーなので、衿を折って着ても決まります。フロントは比翼仕立て風にしたことで、よりシャープな印象に。すっきりと着こなせるモダンな1着です。

▼立てても、折って寝かせても異なる表情が楽しめる比翼仕立て風のスタンドカラー。裏地にキルティングを使用しているため、防寒効果も。

ポンチョコート
作り方は75ページ

ボリュームたっぷりのポンチョ風シルエットが、旬の気分を感じさせるコートです。こちらもきもの1枚を使いきるパターンで作りました。ドレープをきれいに出したいので、落ち感のあるやわらかな布地を選び、エレガントなシルエットを楽しみましょう。

◀一見ポンチョですが、袖をつけ、着こなしやすいデザインに仕立てました。身幅にこれだけたっぷりの布地を使っているため、ボリュームのある華やかなシルエットが実現しました。

スタンドカラージャケット
作り方は76ページ

雨ゴートを使った、ジップアップタイプのジャケットです。カジュアルな麻の葉模様と、スタンドカラー仕立てのスポーティなデザインがマッチ。ウエストはドローストリング（引き紐）仕様で、しぼれるようにしました。適度に防水性があり、普段使いに最適。

ミリタリーコート
作り方は76ページ

ちょっぴりワイルドな印象に仕上げたいミリタリー調コートは、フードのない、大人向きのスタイリッシュなデザインに仕立てました。ラフな質感を感じさせ、着こなしを楽しみたいカジュアルなコートなので、紬などのきもの地を使うのがおすすめです。

▶フロントスタイル。衿、ウエスト、袖口、裾には組み紐を入れ、ドローストリング（引き紐）仕様に。
ミリタリーテイストを強調するディテールに注目。
▼バックスタイル。ウエストがしぼれ、シェイプされているので、スタイルアップ効果が。
傾斜のついた裾のカットもおしゃれ。

ワンピース

ワンピースは分量を使うので、きものならではの華やかな紋様や柄ゆきを存分に楽しむことができます。しなやかなきものの風合いは、女性らしいフェミニンなデザインがよく映えます。

One-Piece

▍カシュクールワンピース
作り方は24ページ

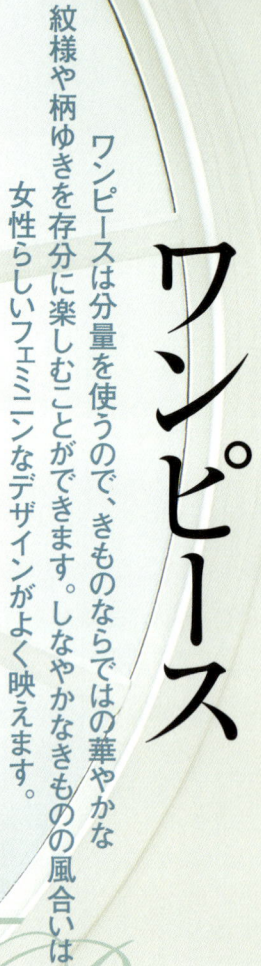

モノトーンの小紋柄を用いたカシュクールワンピース。華奢な肩や女性らしいボディラインを際立てる、その小粋なデザインが、ひと目ではきもの地とは気づかない、モダンな雰囲気を醸し出します。黒のパイピングを施すことで、全体が締まります。

カシュクール
衿つきワンピース
作り方は25ページ

衿とリボンベルトをつけたことで、よりよそゆき感を強調したカシュクールワンピースです。細やかなしぼの入った紺色の縮緬の風合いが、上品なデザインにぴったりです。また、見返しとウエストのリボンベルトを共地にし、見えない部分にもこだわりました。

22ページ カシュクールワンピース

着丈…92.8cm

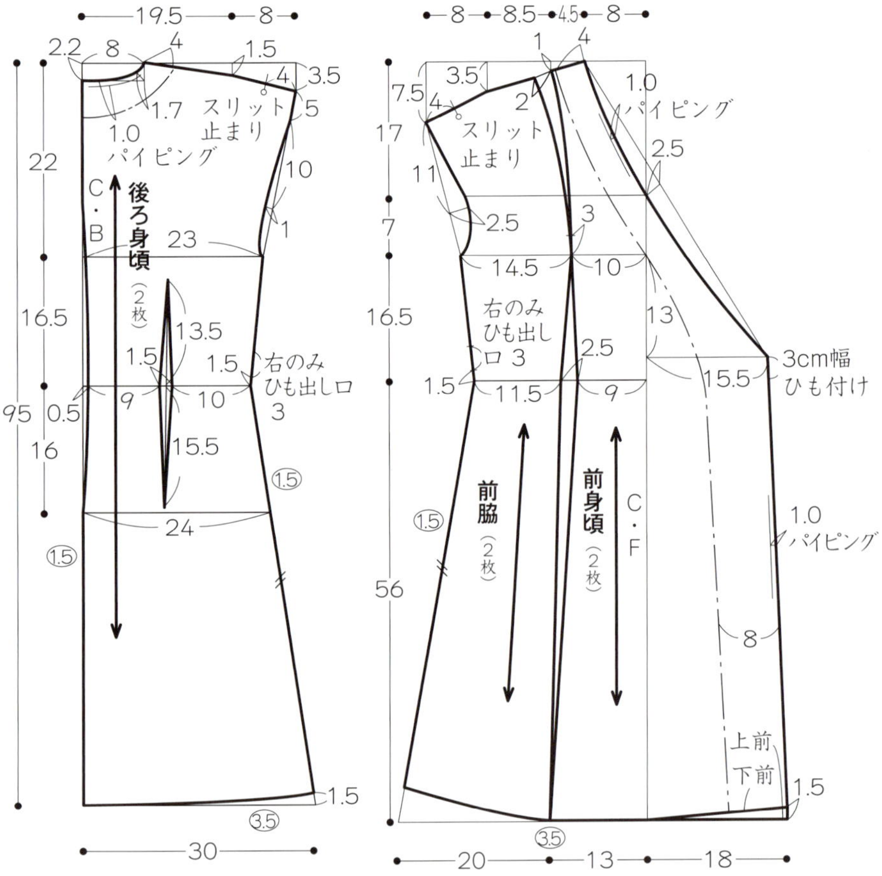

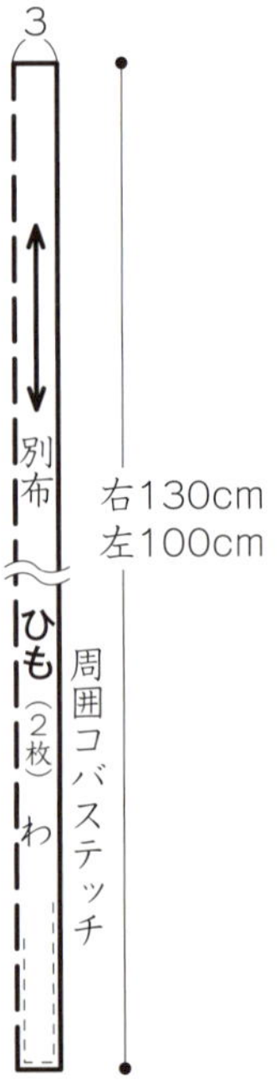

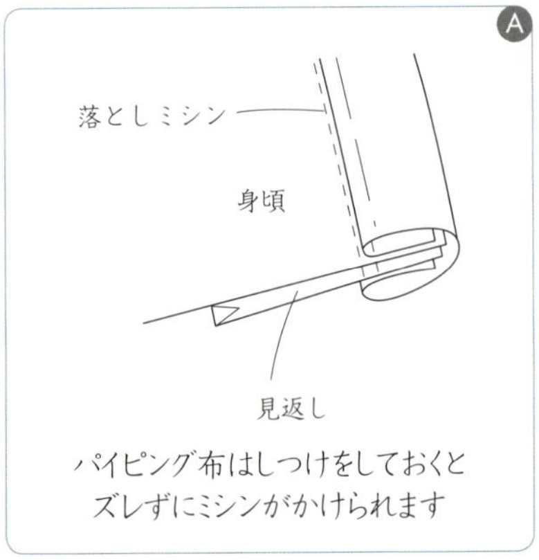

材料
- きもの…1枚
- 別きもの布…2.1m（パイピング、ひも）
- 接着芯…90cm幅×1m（前後見返し）
- 伸び止めテープ…1cm幅×2.5m（前衿ぐり、前端、後ろ衿ぐり）
- ◆4cm幅のバイアス布でパイピング

作り方
1. 後ろ中心を縫う
2. 後ろ身頃のダーツを縫う
3. 前身頃と前脇布を縫う
4. 肩を縫う
◆スリット止まりまで縫う。
5. 脇を縫う
◆右脇のみ、ひも出し口を3cmあける。
6. 見返しを作る
7. 身頃と見返しを外表に合わせて縫う
◆端はパイピング布で包む（Ⓐ）。
8. 袖口を縫う
◆スリット、袖端は二つ折りにし、まつり縫いかステッチで始末する。
9. 前端にひもをつける
10. 裾の始末をする

※パイピング部分は裁ち切り

パイピング布はしつけをしておくとズレずにミシンがかけられます

※製図上の○囲み数字は、ぬいしろです。指定以外はすべて1cm。

カシュクール衿つきワンピース

23ページ
着丈…101cm

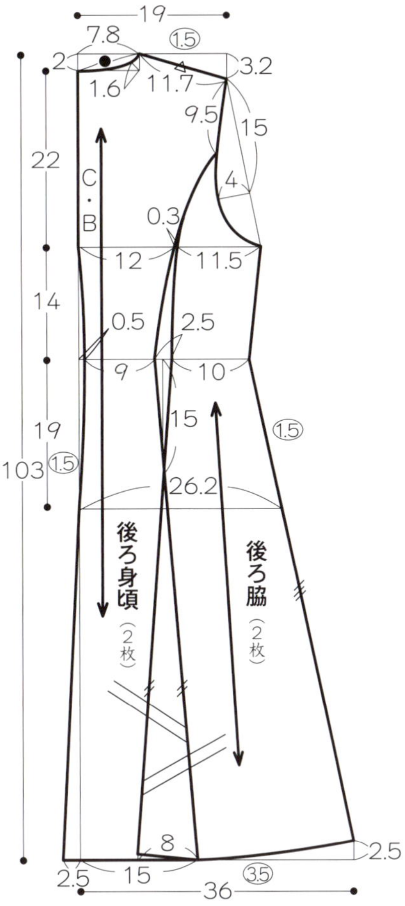

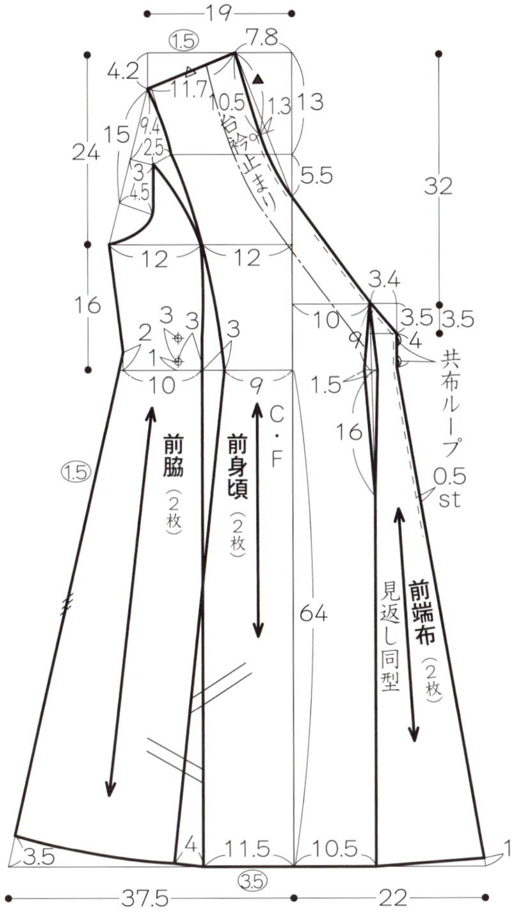

材料

- きもの…1枚
- 別きもの布…2m（リボンベルト、見返し）
- 接着芯…90cm幅×1m（見返し、台衿両面、表衿）
- 伸び止めテープ…1cm幅×2.5m（前衿ぐり、前肩、前端、袖口スリット）
- くるみボタン…直径1.4cm×2個
- スナップ…1セット

作り方

1. 前身頃と前脇布を縫う
2. 後ろ身頃と後ろ脇布を縫う
3. 後ろ中心を縫う
4. 肩を縫う
5. 脇を縫う
6. 衿を作る
7. 見返しを作る
8. 衿ぐり、前端を縫う
◆ 上前に共布ループをはさみ込む。
◆ 前見返しは、台衿止まりまで縫い、切り込み（A）を入れて、ぬいしろを互い違いにする。
◆ 衿ではさみ、つける。
9. 袖を作り、つける
10. 裾の始末をする
11. ボタンをつける
◆ 内側はスナップ止め。
12. リボンベルトを作る

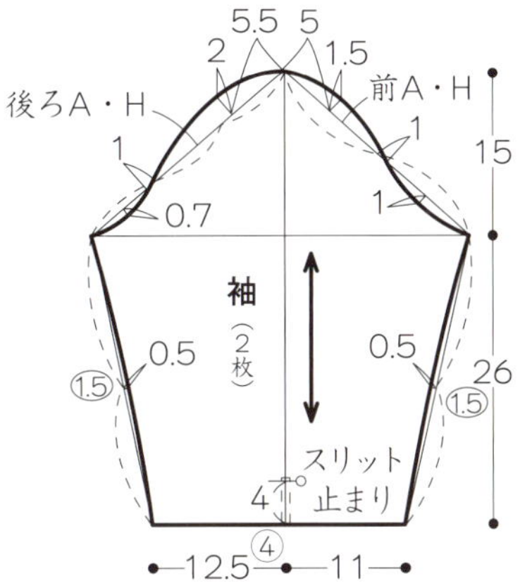

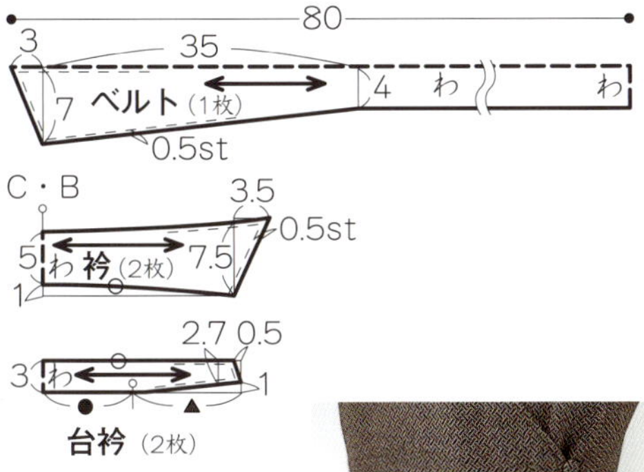

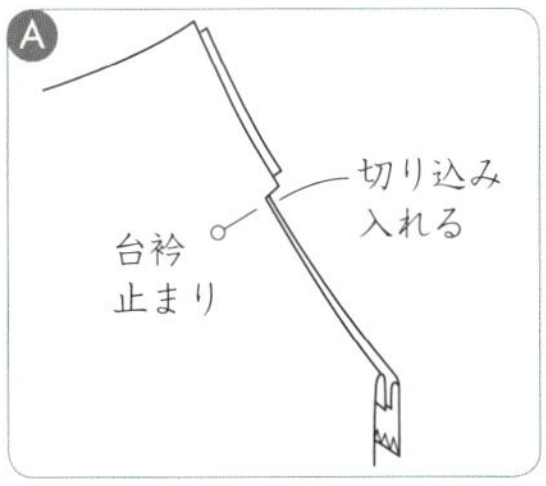

※製図上の○囲み数字は、ぬいしろです。指定以外はすべて1cm。

ギャザーフレア ワンピース
作り方は77ページ

ぼかしの花柄を、やわらかなたまご色の地に配した羽織で仕立てた、フェミニンなワンピース。衿ぐりには共地のひもを通し、ギャザーをたっぷり寄せました。スカート部分はマチをいれて、華やかなフレアラインにしたことで、ひときわ軽快な印象に。

ギャザーワンピース
作り方は78ページ

ウエスト部分にゴムを入れ、ギャザーワンピースに仕上げた右ページのアレンジバージョンです。上半身はきもの地4枚のはぎ合わせ。胸元、両肩、背中に切り込みを入れてあるため、衿ぐりに通したりボンの結び目はどこから出してもOKな作りにしました。

クラシカルワンピース
作り方は80ページ

ミニワンピース
作り方は79ページ

やや光沢のある綸子の羽織を使った、クラシックなワンピースです。詰まったネックラインが清楚な印象をアピール。ほどよくシェイプしたウエストから流れるように描かれた、セミフレアのラインが絶品。紬で仕立てても、ラインが美しく出るデザインです。

錦紗縮緬の友禅を用いたミニワンピースは、優美な印象の柄を活かすため、シンプルなデザインに仕上げました。広めの衿ぐりに華やぎを添える共布のスカーフは、ベルトにも。ミニ丈なので、ブラウジングしてチュニック風に着こなしても素敵です。

マーメイド
ワンピース
作り方は81ページ

ひざ下丈のマーメイドワンピースは、年齢を問わず、長く着こなせるベーシックなデザイン。錦糸をさりげなく用いた無地感覚の羽織を使うことで、より着る人を選ばないシックな1枚に仕上がりました。ちょっとしたお出かけシーンにも活躍しそうです。

▼前身頃から脇にかけ、
留袖の柄ゆきをそのまま活かした
デザインがおしゃれ。
後ろ姿も華やかで美しい、
きものならではの存在感を
満喫できるデザインです。

チュニックワンピース
作り方は82ページ

黒留袖ならではの、大胆で華やかな古典柄が目をひくワンピース。チュニックのデザインにしたことで、グッとモダンな印象に仕上がりました。あえてブーツでラフに着こなすのもおすすめ。アクセサリー次第で、ドレスアップもカジュアルダウンも可能です。

衿ギャザーワンピース
作り方は83ページ

紬のきもので作ったワンピース。ミニマムなシルエットで、作りはいたってシンプルですが、衿元のギャザーが効果的なアクセントに。また、コシのあるきもの地を使えば、衿元にはギャザーが入るので、見返しに芯貼りをしなくて済むのもうれしいかぎり。

コクーンワンピース（無地）

作り方は84ページ

ふっくらと丸みを帯びた、繭玉を思わせるコクーンワンピースは、シルエットそのものがおしゃれなので、黒無地のきものでも充分華やか。若々しい印象さえ与えます。ミニ丈に仕立てておけば、ボトムを合わせ、チュニックとしても活用できて便利です。

コクーンワンピース（柄）

作り方は84ページ

右と同じデザインの生地違い。宝船を配した紫の羽織を用いた1枚は、より日常使いしやすい、カジュアルな雰囲気に。レギンスやサブリナパンツなど、コクーンシルエットが際立つ細身のボトムを合わせれば、より活動的なイメージで着こなせます。

バッククロス
ロングワンピース
作り方は85ページ

リラックスした気分で着こなしたい、エレガントなロングワンピース。クロスしたような背面と、トレーン風の裾で、バックスタイルにポイントを作りました。身頃を締めつけず、自然なドレープを楽しむデザインなので、やわらかなきものが向いています。

チュニック

体を締めつけず、ゆったりと着こなせることから、年齢を問わず人気のチュニック。きもの地なら、オリジナリティの高いおしゃれを演出。周囲と差がつきます。

■ ポケットつきチュニック

艶やかなオレンジと愛らしい柄つけが魅力的なチュニックは、女性用の長襦袢で作ったもの。ストンとしたボックス型のシルエットは、長く愛用できる着やすいデザインです。両サイドにポケットをつけ、実用性も備えたアクセントをプラスしました。

Tunic

ポケットつきチュニック

34ページ
着丈…82cm

材料
長襦袢…3/4枚
接着芯…90cm幅×50cm（見返し、ポケット全面）

作り方
1. 身頃の脇を縫う
2. ポケットをつける（A）
◆ポケットはポケット口を縫い、コバステッチ（端2mmの部分に上からかけるステッチのこと）でつける。
3. 身頃の前中心、後ろ中心を縫う
4. 前、後ろとも上下身頃を縫い合わせる
◆作品は、柄に合わせて上身頃にタックをとっているが、布地に合わせ、とってもとらなくてもよい。
5. 袖下を縫う
◆袖下は上がり止まりまで縫い、四つ止めを入れる。
6. 肩を縫う
7. 見返しを縫う
8. 衿ぐりに見返しをつけ、ステッチで押える
9. 袖口の始末をする
10. 裾の始末をする

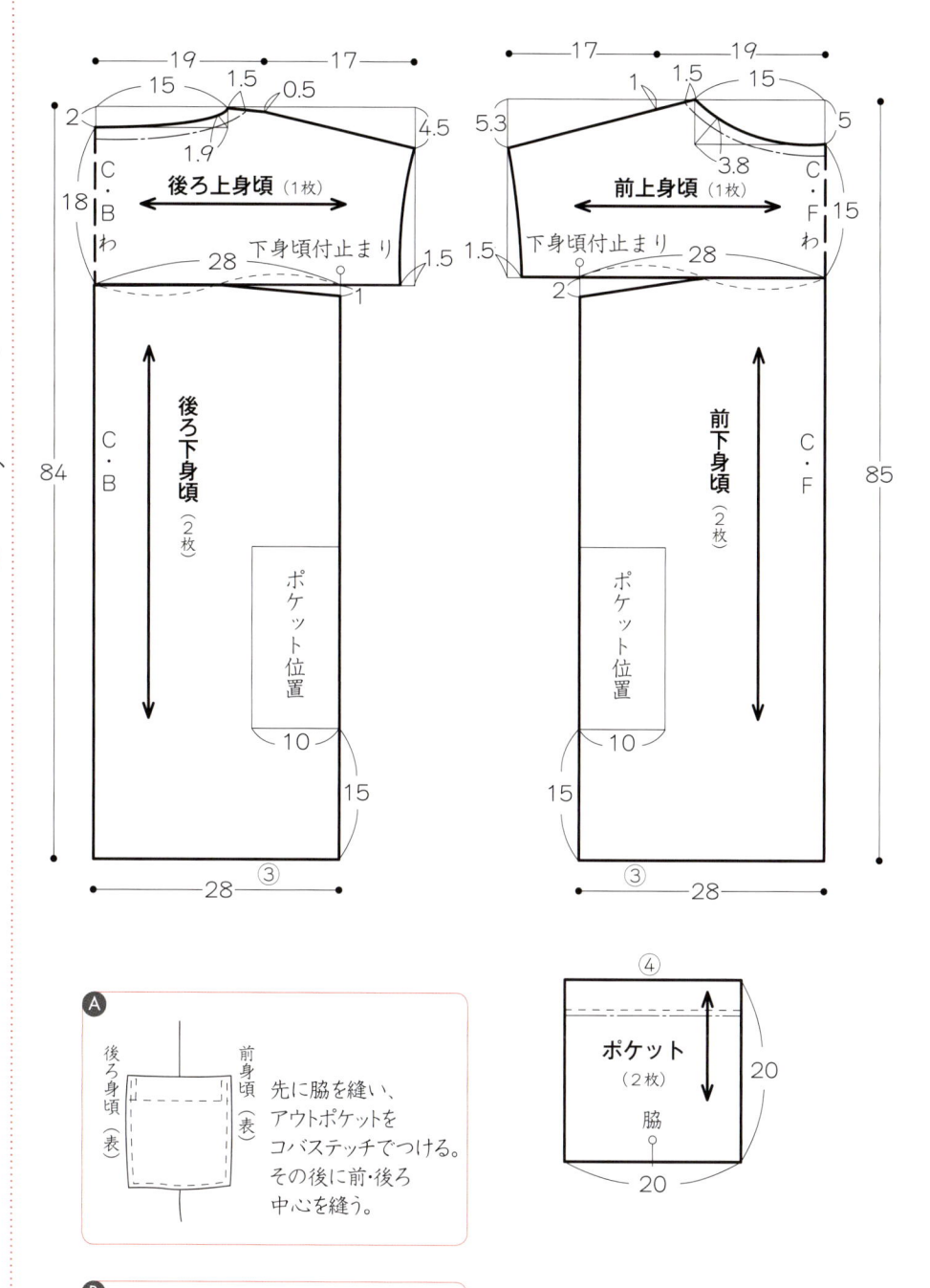

A 先に脇を縫い、アウトポケットをコバステッチでつける。その後に前・後ろ中心を縫う。

B 袖下は、上がり止まりまで縫う。四つ止めを入れる。袖下からそのまま続けて脇を縫わないこと。

※製図上の○囲み数字は、ぬいしろです。指定以外はすべて1cm。

開衿チュニック
作り方は86ページ

衿がつくことで、よりかっちりしたイメージに仕上がったボックス型のチュニックは、やや太めのワイドパンツとも相性のいいシルエット。青地の絽を使っているため、夏は1枚で涼やかに、冬はタートルネックニットとの重ね着を楽しむのがおすすめです。

バッククロスチュニック
作り方は85ページ

スタンドカラーチュニック
作り方は87ページ

シミや灼けてしまったきものに、同系色のシフォンを重ねて汚れをカモフラージュ。ドレスアップにも最適なスタンドカラーのチュニックに仕上げました。動く度に揺れるシフォンがエレガントなので、スタンドカラーにもギャザーを寄せ、優しいディテールに。

33ページのロングワンピースと同じデザインで作ったチュニックです。しなやかな綸子のきものの地による美しいドレープはそのままに、こちらは丈が短い分、より軽快で活動的なイメージ。どんなパンツとも相性がよく、流行の重ね着にはうってつけです。

スキッパーチュニック
作り方は88ページ

34ページのポケットつきチュニックのシルエットに、衿をつけ、スキッパー調に仕上げました。こちらは男性用の襦袢を用いています。カジュアルですが、カッチリしたメンズライクなデザインを用いることで、渋い色と大胆な柄ゆきが際立ちました。

■フラットチュニック
作り方は89ページ

ネーミングどおり、ほどいた平たい2枚の布を縫い合わせたチュニック。これは2枚の羽裏を贅沢に使っています。共地のベルトを通せるように仕上げてあるため、フラットでありながらも生まれる、独特の立体感が魅力。モダンで印象的なチュニックです。

ドレープネック ブラウス（ロング）

山吹色の道行を用いたブラウスは、ゆったりと美しいドレープが胸元で効いた、優雅なデザインが魅力的。スリット入りのやや広がるやや袖と、裾に向かって広がるやや広ロング丈のシルエットも、女性らしさを演出。プルオーバータイプだから、すっきりと着こなせます

ブラウス

きもの地だけでなく、羽裏を使い、さりげなく遊び心を活かしたデザインにも注目して。いつものワードローブに加えるだけで、気負わずに着こなせるブラウス。

Blouse

ドレープネックブラウス (ロング)(ショート) 40・42ページ

着丈…ロング73cm ショート60cm

材料
〈ロング丈〉道行…全量(きものの場合は1/2枚程度)
〈ショート丈〉きもの…1/2枚
伸び止めテープ…1cm幅×60cm(後ろヨーク背中心、後ろ衿ぐり)

◆前後のヨークの端は、耳を使う。耳を使うことで、前ヨークのドレープがやわらかく出る。

作り方
1. 後ろヨークの背中心を縫う
2. 前衿ぐりの始末をする

◆前衿ぐりは折り山で布を折って、肩をロックする(A)。

3. 前身頃と前脇布を縫う
4. 後ろ身頃と後ろ脇布を縫う
5. 前、後ろとも身頃とヨークを縫い合わせる

◆ぬいしろは2枚一緒にロックで始末する。

6. 肩を縫う

◆スリット止まりまで縫う。

7. 脇を縫う
8. 後ろ衿ぐりの始末をする。

◆後ろ衿ぐりのぬいしろは、二つ折りにし、端から0.7cmのステッチをかける(B)。

9. 袖口、袖スリットの始末をする
10. 裾の始末をする

※このブラウスは、ラインを美しく出すために、少し細身のデザインになっています。

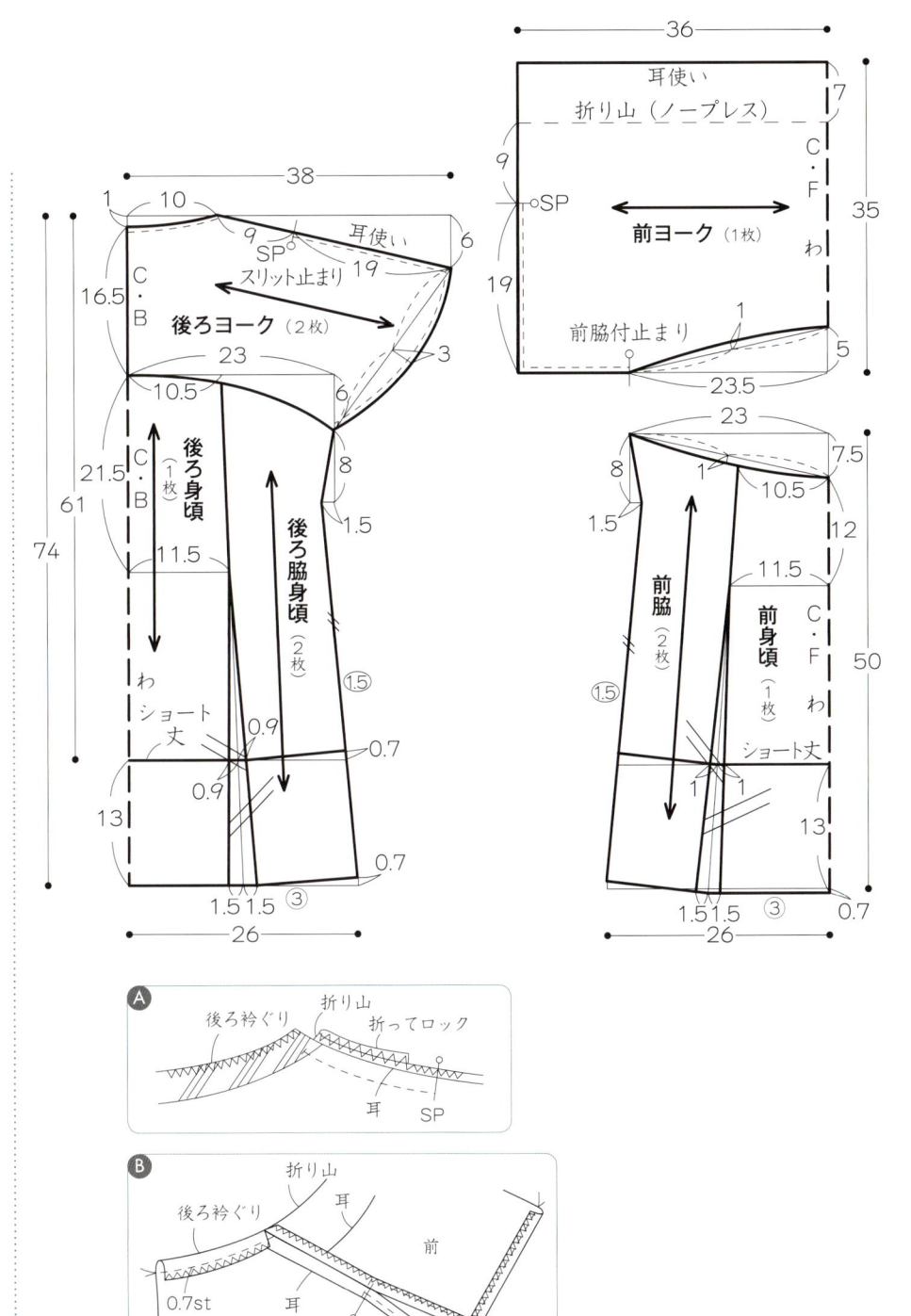

※製図上の○囲み数字は、ぬいしろです。指定以外はすべて1cm。

Vネックブラウス
作り方は90ページ

グリーンの矢羽根柄の銘仙で作った、カジュアルなブラウス。胸下の切り替えは、動きやすさや、着脱のしやすさを考慮したゴムシャーリング仕様。それによって生まれるXラインが、シャープなVネックを強調。視覚によるスタイルアップ効果を期待できます。

ドレープネック ブラウス（ショート）
作り方は41ページ

▼袖はスリットのように二枚に割れたデザイン。フェミニンな印象を与えつつ気になる上腕ラインをカバー。

デコルテを美しく見せる、ドレープ使いが特徴のブラウスは、40ページと同じデザインの丈違い。大柄の着物地で作ると、ドレープネックの存在感が際立つので、ノーアクセサリーで着こなしたくなる雰囲気に。薄手のタートルネックを重ねてもきれいです。

きものスリーブ ブラウス
作り方は91ページ

▲透け感のある肌じゅばんを用いたきものスリーブ。チュニックやワンピースにも応用したくなるデザインです。

キャップスリーブ ブラウス
作り方は102ページ

パフスリーブ ブラウス
作り方は92ページ

華やかな柄のきものの羽裏に、麻の襦袢を組み合わせて作った、きものスリーブブラウスです。きものスリーブブラウスは、羽織の衿ぐりをそのまま活かしているので、羽織はほどくだけでOK。異素材のコンビネーションを、楽しみながら作りたいブラウスです。

きもの1枚分の八掛で作れるのが、このキャップスリーブのブラウス。ぼかし八掛を用いたことで、おしゃれな2トーンカラーのブラウスになりました。表地で何かを作ったあと、八掛までしっかり利用したいときには注目です。

最も柄が美しい、訪問着の上前を利用して、ドレスアップシーンにも最適なブラウスを仕立てました。ふっくらしたパフスリーブと、くるみボタンがかわいらしさ満点。ミントグリーンの地に映えるピンクの花柄が目をひきます。

マーガレットボレロ&ベスト

さっと羽織れて、持ち歩きもしやすいコンパクトなマーガレットボレロと、おしゃれを格上げするベスト。人気の2大アイテムも、きもの地で作ればひときわ新鮮に。

▍2ウェイマーガレット

水玉模様が愛らしい、赤い襦袢を用いて作ったマーガレット。こちらは、ボレロとして羽織れるだけでなく、ポンチョのようにかぶって着こなせる2ウェイタイプに仕上げました。小さく折り畳めるので、ストール代わりにバッグに忍ばせて持ち歩きます。

◀ポンチョにすると、ボートネックのブラウス風の雰囲気が楽しめます。衿ぐりにはファスナーをつけ、マーガレットとして着たときに、ネックの開きをとじられるようにしました。

Marguerite bolero & Vest

2ウェイマーガレット

44ページ

ゆき丈…73cm

材料
- 長襦袢…1枚
- ファスナー…34cm×1本
- 接着芯…90cm幅×10cm（ファスナー土台布全面）
- 伸び止めテープ…1.5cm幅×72cm（ファスナー位置）

作り方
1. 土台布の両端を縫う
   ◆縫ったら表に返しておく（A）。
2. 肩線を縫う
   ◆ファスナー止まりから、袖口まで。
3. ファスナーをつける
   ◆土台布とともに、ファスナーをつける（B）。
4. 前身頃、後ろ身頃の切り替えを縫う
5. 脇（袖下）を縫う
6. 袖口と裾の始末をする
   ◆袖口、裾は1cmの三つ折りにし、ステッチをかける。

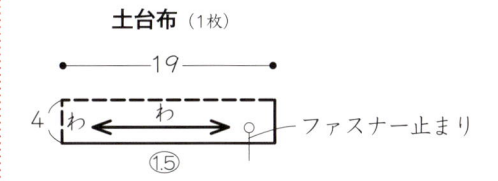

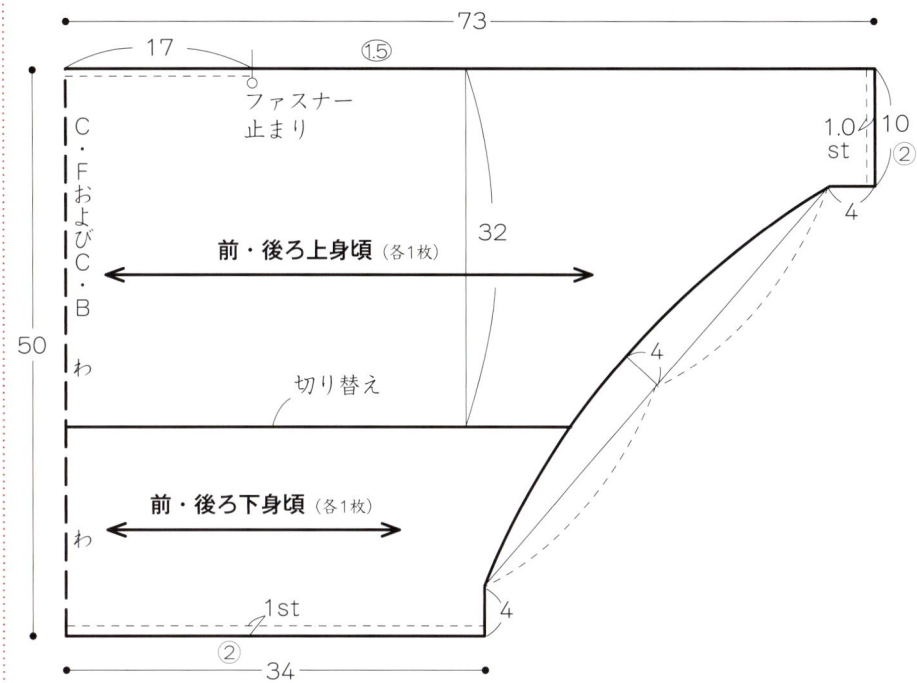

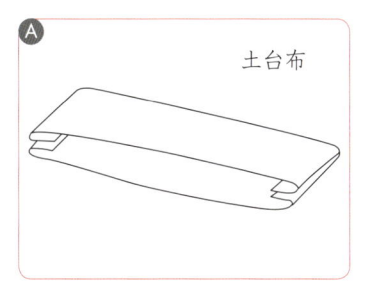

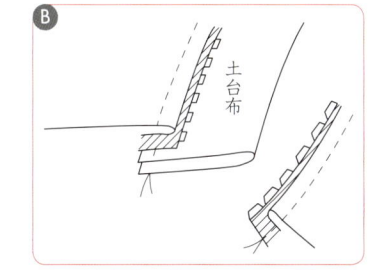

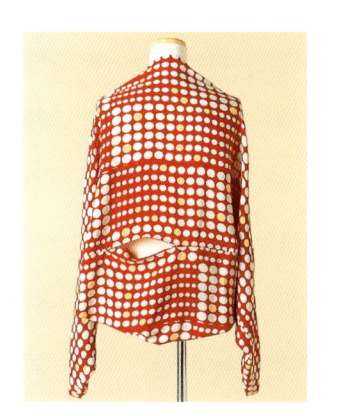

土台布（1枚）

前・後ろ上身頃（各1枚）

前・後ろ下身頃（各1枚）

▲マーガレットとして着ると、ポンチョとして着たときの衿ぐりは、ちょうど腰下あたりの位置に。ファスナーをとじてしまえば、まるで一枚仕立てのよう。

※製図上の○囲み数字は、ぬいしろです。指定以外はすべて1cm。

Marguerite bolero & Vest

ロングベスト
作り方は96ページ

パンツと相性のよいロングベストです。黒無地と柄の2種類の夏帯を組み合わせ、互い違いに配することで、インパクトのあるおしゃれなデザインに仕上げました。もちろん、きもの地を使ってもOK。脇はスリットが入っているので、足さばきが軽快です。

フレア
ロングベスト
作り方は97ページ

▼ベルトを使わず、ただ羽織るだけの
着こなしもおしゃれ指数満点。
絹のきものならではの
やわらかなドレープを楽しんで。

さっと羽織るだけで決まる着流し風のロングベストは、やわらかなきもの地を使うのにもってこい。イレギュラーなヘムライン、ショールカラー風の衿元がポイントに。デニムでカジュアルに着こなす時は、手持ちのベルトでウエストマークするとすっきり。

47 | Marguerite bolero & Vest

日常にも、旅先や、ちょっとしたお出かけにも便利なパンツ。きもの地ならではの縦のラインを上手に利用して、ゆったりしたシルエットと、やわらかな着心地を楽しみましょう。

パンツ

■ワイドパンツ

やわらかな手触りの縮緬で、ゆったりワイドなシルエットのパンツが出来上がりました。着心地のよさと作りやすさを考慮して、ウエストはゴム仕様にしました。着脱の際にゴムがクルクルとねじれないよう、中央にミシンをかけておくのがポイントです。

Pants

ワイドパンツ

48ページ

脇丈…92cm

材料
- きもの…3/4枚
- 伸び止めテープ…1.5cm幅×40cm（ポケット口）
- 平ゴム…3cm幅×66cm

作り方

縫う前の準備 ◆後ろパンツは、耳はぎをしてから、裁断をする（耳はぎ→69ページ参照）。
◆耳はぎ部分は、コバステッチをかける（A）。

1. 脇を縫う
◆ポケット口は残し、ぬいしろは割る。

2. ポケット布を後ろパンツの脇線につける
◆ポケット口のみをつける。

3. ポケット布を前パンツにつける
◆ポケット布と前パンツを平らに合わせ、しつけをかける。
◆脇は縫い目の上に落としミシン。続けてポケット布をステッチで押さえる（B）。
◆ポケット口にステッチをかける。

4. 股下を縫う

5. 前、後ろ中心を縫う（股ぐり）
◆後ろ中央の裁ち出し見返しに、図のように2.5cmのゴム入れ口を作る（C）。

6. ウエストの始末をする
◆見返しはできあがり線で折り、3.5cm幅でミシンをかける。

7. ゴムを通す
◆着脱時、ゴムがねじれないように、ゴムを通したのち、中央にミシンをかける（D）。ゴムを伸ばしながらかけること。

8. 裾の始末をする
◆裾を三つ折りにし、ステッチをかける。

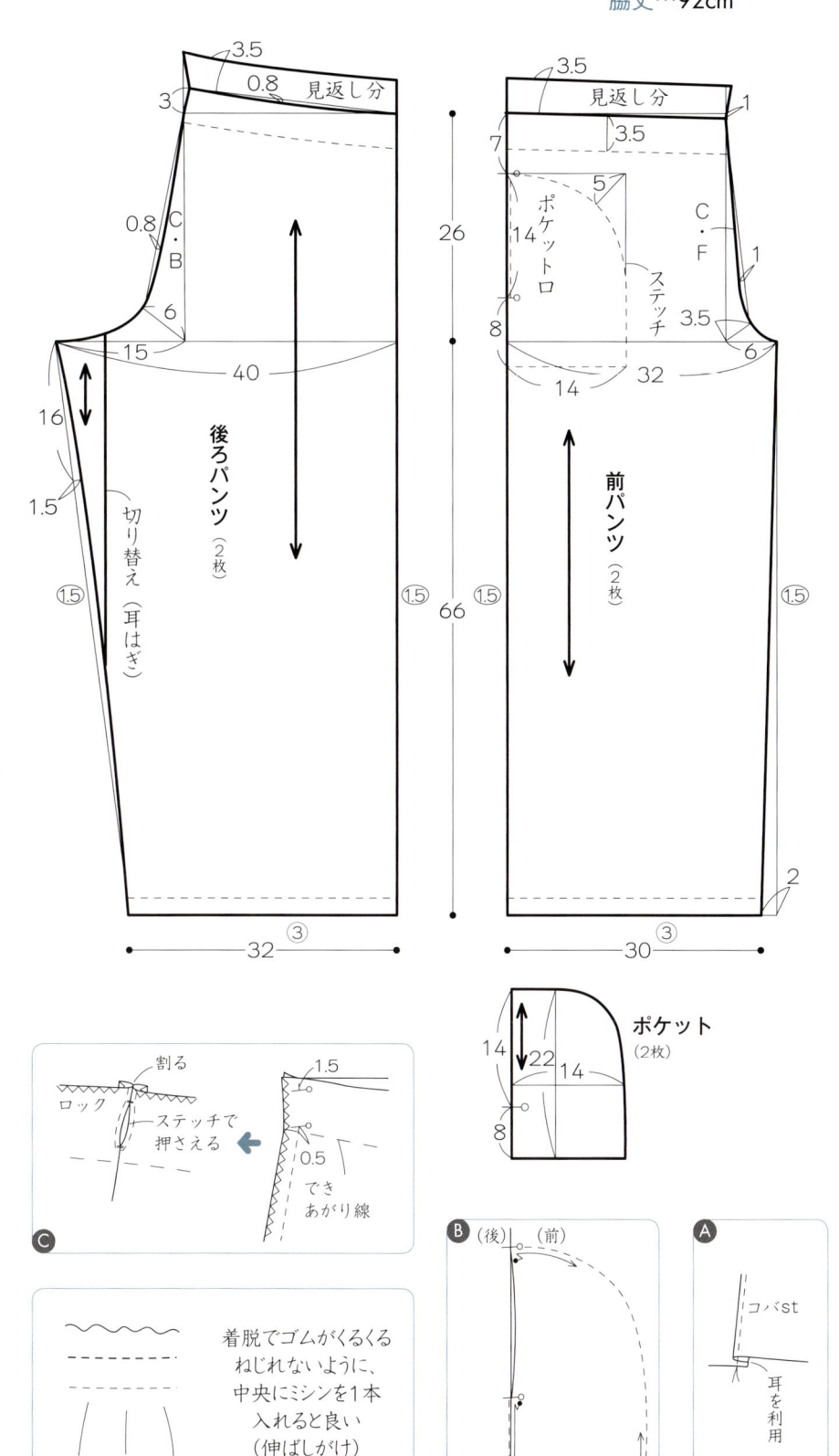

※製図上の○囲み数字は、ぬいしろです。指定以外はすべて1cm。

ガウチョパンツ
作り方は93ページ

カジュアルなガウチョパンツは、大柄の銘仙を使うのがおすすめ。スカート感覚で楽しめる太めのシルエットに、ワイドな矢羽根柄がよく映えます。共地のベルトリボンをつけても、ガウチョ丈のパンツなら、1枚のきものから2枚作れる計算になっています。

絵羽織1枚で完成するセミワイドシルエットのパンツ。ウエストはファスナー仕様ですが、ベルト部分は幅広のゴムを入れてあるので着心地は快適。使用する布地の柄次第で、ドレッシーにも、デイリーな雰囲気にもなりそうな守備範囲の広いデザインです。

セミワイドパンツ
作り方は94ページ

兵児帯パンツ
＆マーガレット
作り方は95ページ

3尺の兵児帯から、軽くやわらかな履き心地のパンツと、帯の絞り部分を袖のアクセントにしたマーガレットが完成。やわらかい兵児帯だから小さく畳めるので、旅行にも最適。セットアップで作っておけば、ディナーなど、旅先のドレスアップシーンで活躍します。

セットアップ

きもの1枚をほどくと、かなりの分量の布地がとれるため、スーツや、ブラウス&スカートのセットアップだって作れます。改まったシーンでも活躍する、本格的なひと揃えです。

ドレープロングジャケット&タイトスカート
作り方は54〜55ページ

前身頃のドレープの美しさが引き立つ、ロングジャケットとスカートの黒のセットアップ。1枚の喪のきものから仕立てました。家紋が入っているので、裁断のときは家紋位置をチェックしましょう。いっそポイントにしてしまうのもひとつの方法です。

ドレープショートジャケット&タイトスカート
作り方は54〜55ページ

ジャケット丈を短くしたもの。ロングタイプはエレガントな雰囲気が強調されますが、ショート丈はよりシーンを選ばず、誰もが着こなしやすいベーシック性を備えているのが魅力です。スカートは共通で、単品でも着まわせるシンプルなタイトスカートに。

テーラードジャケット &8枚はぎスカート
作り方は98〜99ページ

シックな茶の大島で仕立てた、テーラードジャケットのセットアップ。流行を問わず楽しめる端正なデザインが、シャリ感のある紬の風合いとよく馴染み、美しさもひときわ。緩やかなAラインのフレアスカートで、女性らしいひと揃えにしました。

▲シンプルにスーツとして着こなすと、シルエットの美しさがよくわかります。ウエストを手持ちのベルトでマークして、ラインを強調するのも素敵。

52ページ ドレープロングジャケット / ドレープショートジャケット

着丈…ロング90.5cm　ショート54.5cm　**袖丈**…ともに55cm

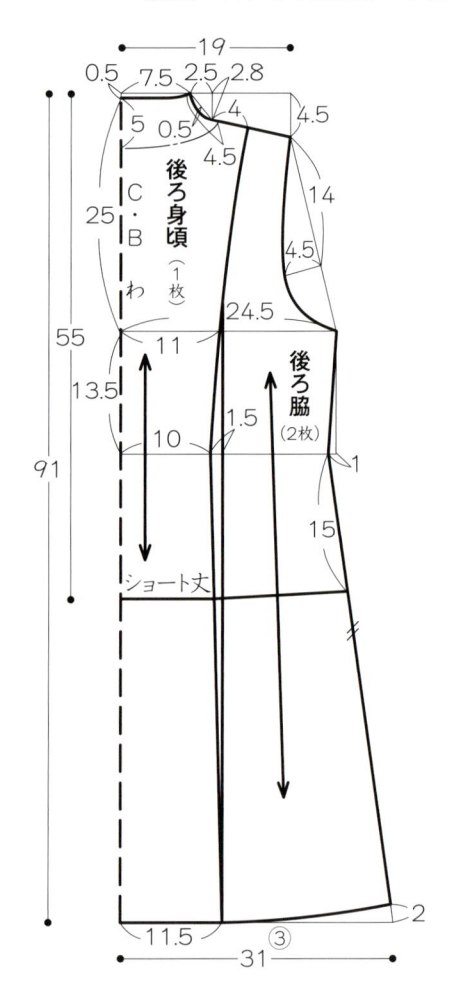

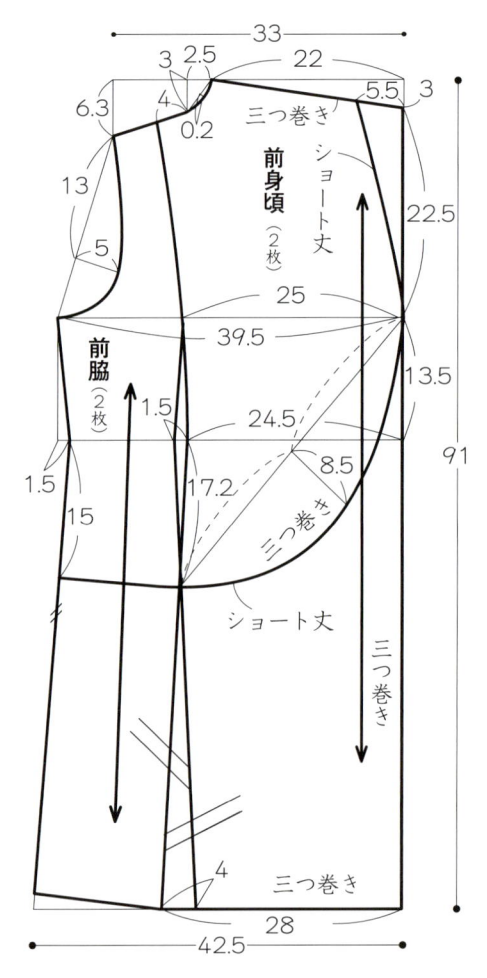

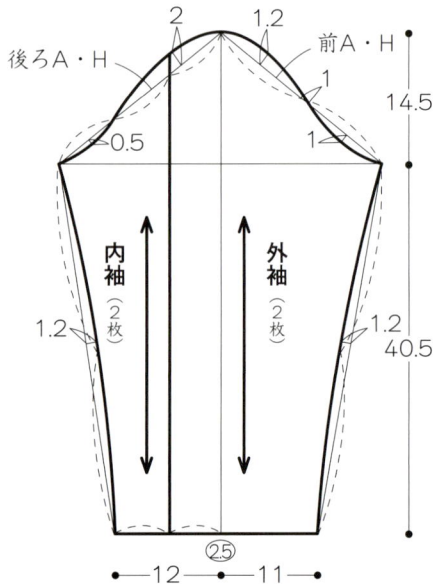

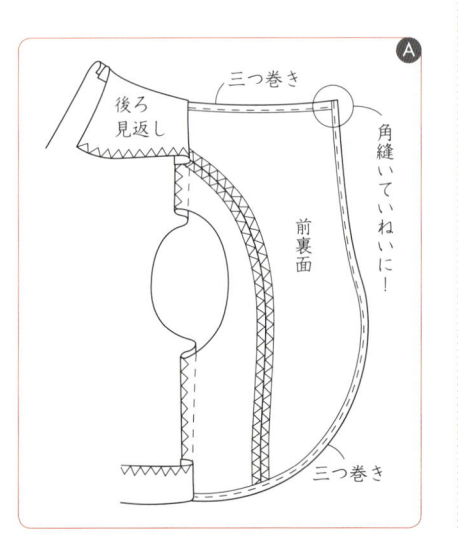

材料
〈ロング丈とタイトスカートのセット〉
きもの…1枚
〈ショート丈ジャケットのみ〉
きもの…3／5枚
接着芯…90cm幅×10cm（後ろ衿ぐり見返し）
伸び止めテープ…1.5cm幅×30cm（後ろ肩、後ろ衿ぐり）

作り方
1. 前、後ろ身頃の切り替えを縫う
2. 前身頃の衿ぐり、前端から裾までを三つ巻き縫いする
◆三つ巻き縫いは、角に注意して縫う（Ⓐ）。
3. 後ろ衿ぐり見返しをつける
4. 肩線を縫う
◆前身頃を後ろ見返しではさみ、肩を縫う。
5. 脇を縫う
6. 袖を作り、つける
7. 後ろの裾を始末する

※製図上の○囲み数字は、ぬいしろです。指定以外はすべて1cm。

タイトスカート

52ページ

スカート丈…52cm

材料
- きもの…スカート単体だと1／3枚
- 裏地…90cm幅×1m
- コンシールファスナー…22cm×1本
- スプリングホック…1セット
- グログランテープ…1.8cm幅×75cm
- 伸び止めテープ…1.5cm幅×5cm（ファスナー止まり）

作り方

縫う前の準備◆裏地は、前切り替えは続けて裁つ。ダーツ分はタックでたたむ。

1. 前スカート（上部）の切り替えを縫う
2. 後ろスカート（上部）を縫う
◆後ろ中心を縫う。ファスナー止まりから裾まで。
◆ダーツを縫う。
3. 脇（上部）を縫う
4. 裏スカートを作る
5. 表スカートにファスナーをつける
◆ファスナーの端に裏をまつりつける。
6. ウエストの始末をする
◆グログランテープは、いせこみながらコバステッチをかける（A）。
◆できあがり線に折り、端から0.8cmのステッチをかける（A）。
7. 裾を作る
◆裾布の両サイドを中縫いし、表に返す。
◆スカートと脇位置を合わせ縫い、ぬいしろは2枚一緒にロックをかける。
◆ぬいしろを上に倒し、縫い合わせ線より0.8cmのステッチをかける（B）。

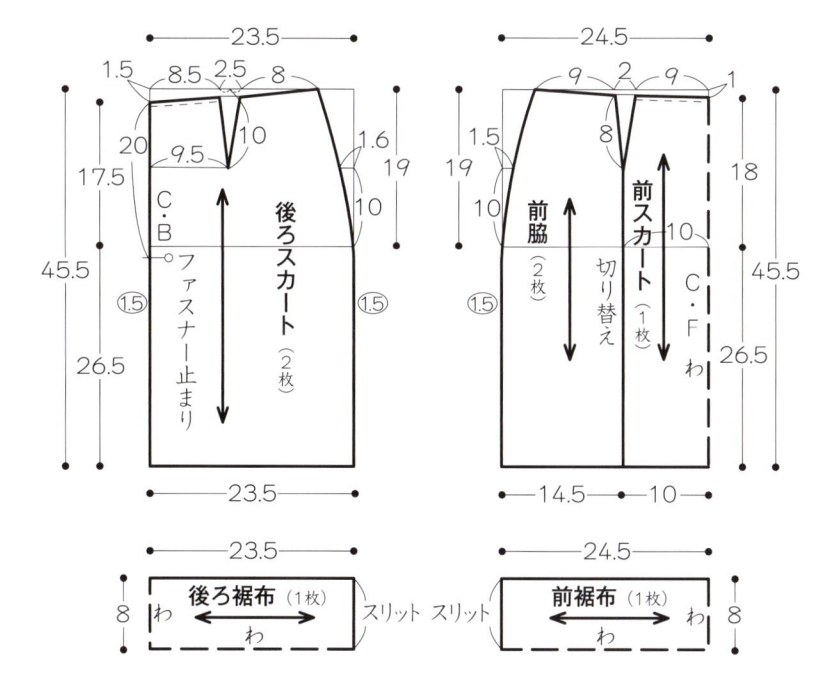

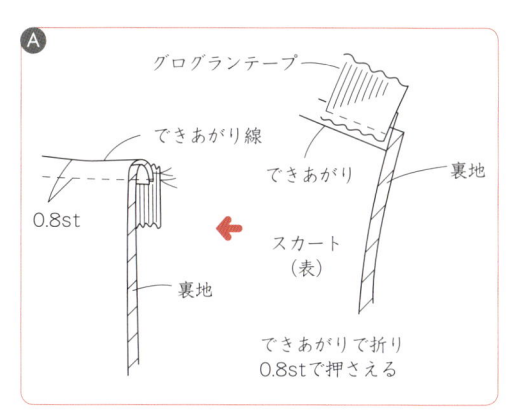

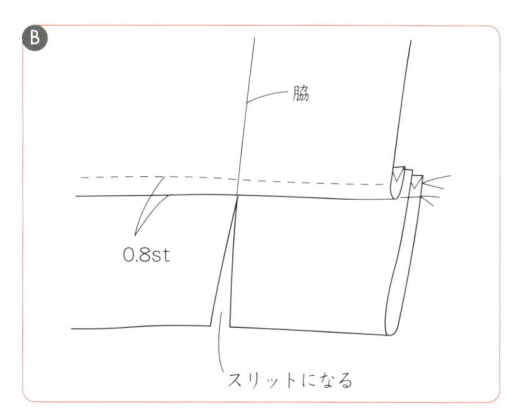

後ろ中心から左右対象になるように、家紋を配したスカート。
家紋の入る位置を考えて、裁断するのもおすすめ。

※製図上の○囲み数字は、ぬいしろです。指定以外はすべて1cm。

57ページ ノーカラージャケット

着丈…57.8cm　袖丈…55cm

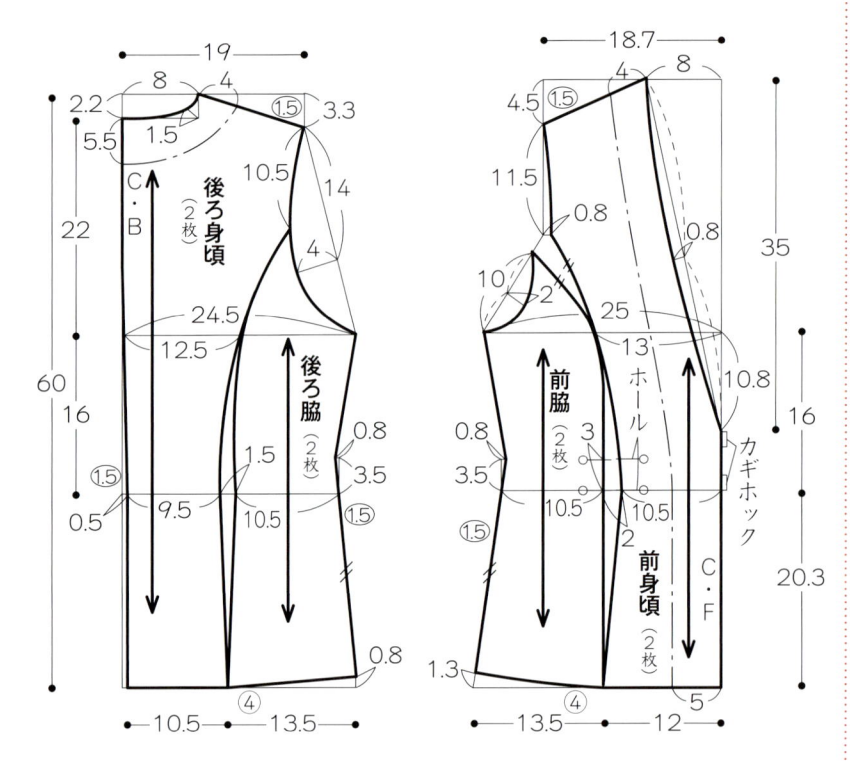

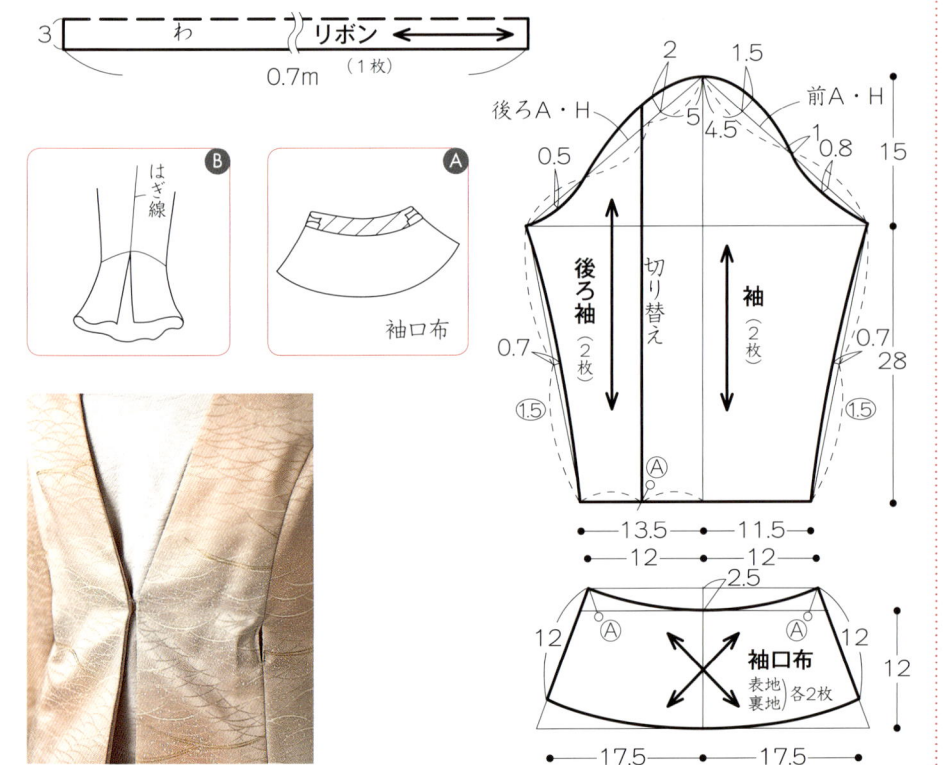

材料
- きもの…1枚（P57のナローラインスカートとセットで）
- 裏地…90cm幅×40cm（袖口布、肩パッドくるみ分）
- 接着芯…90cm幅×1m（見返し、裾ヘム）
- 伸び止めテープ…1cm幅×1.7m（衿ぐり、前肩、前端）
- 肩パッド…0.5cm厚×1セット
- カギホック…2セット

作り方
1. 前、後ろ身頃の切り替えを縫う
◆前身頃はリボン通し用のホールを作る。
2. 後ろ中心を縫う
3. 脇を縫う
4. 肩を縫う
5. 見返しを作る
6. 衿ぐり、前端を縫う
◆身頃と見返しを中表に合わせて縫う。
7. 袖の切り替えを縫う
◆袖口側、上がり止まり。
8. 袖口布を縫う
◆裏地と縫い返し（A）、スリットができる状態にしておく。
9. 袖を縫う
◆袖下を縫い、筒状にしておく。
10. 袖口布をつける
◆袖のはぎ線に袖口布の端を合わせ縫う（B）。
◆縫い代は袖口布側へ倒し、裏地をまつる。
11. 袖をつける
12. リボンを縫う
13. 肩パッドをつける
◆肩パッドは裏地でくるみ、止めつける。
14. 裾の始末をする
15. カギホックを前中心につける

ウエストの共地のリボンは、取り外しが可能。シフォンやベルベットなど、別のリボンでアレンジしても。

※製図上の○囲み数字は、ぬいしろです。指定以外はすべて1cm。

ノーカラージャケット＆ナローラインスカート
スカートの作り方は107ページ

Vネックのノーカラージャケットと、裾のフレアラインが華やかさを引き立てるロングスカートの組み合わせ。上品な光沢と、ぼかしピンクの優しい色合いが映えるセットアップは、観劇やお食事会など、セミフォーマルなシーンにも対応してくれます。

アメリカンスリーブ ブラウス＆ タックスカート
作り方は100〜101ページ

ヘルシーな肌見せを演出できるブラウスは、首の後ろでリボンを結ぶスカーフカラー。ひざ丈のスカートはウエストにねじりを入れ、ポイントに。羽二重などやわらかいきもの地で作ると、スカーフもスカートも動く度にふんわりと揺れ、きれいです。

ブラウススーツ
作り方は102〜103ページ

シンプルなデザインを引き立てるのに効果的なグラデーションは、きもののぼかしを利用。各々単品でも使えますが、セットアップで着たときに美しく決まるよう、ブラウスはやや細身に仕上げました。胸からウエストにかけての、女性らしいラインに注目です。

フォーマル

おごそかな場にふさわしく、華やかな意匠を凝らした黒留袖は、きものの中でも最も格の高い礼装です。そんなきものから生まれたフォーマルウエアは、モダンで華やか。

黒のシンプルなワンピースやパンツスタイルに、羽織るだけでグッと華やかさが増すジャケットです。黒留袖の柄を、前身頃とケープスリーブ部分に配したことで、ゴージャスな印象がアップ。また、カーディガン感覚で着こなせる軽い着心地が魅力です。

■ ケープスリーブジャケット

Formal

ケープスリーブジャケット

60ページ
着丈…60cm

材料
- きもの（留め袖）…2／3枚
- 接着芯…90cm幅×10cm（後ろ衿ぐり見返し）
- 伸び止めテープ…1.5cm幅×30cm（後ろ肩、後ろ衿ぐり）

作り方

縫う前の注意 ◆作品は柄の取り都合のため、ケープの切り替えが異なります。

1. ケープの切り替えを縫う
◆ふらし部分と袖口は、三つ巻き縫いをする。
2. 前身頃と後ろ身頃の肩を縫う
◆前端は折り山で折り、後ろ見返しでくるんで肩を縫う。
3. 前脇布、後ろ脇布の肩を縫う
4. 身頃と脇布にケープをはさんで縫う
◆身頃と脇布を縫い合わせるときに、ケープをはさみ込んで縫う（A）。
5. 前端と前裾は三つ巻き縫いをする
6. 袖ぐりの始末をする
◆身頃の袖ぐりにロックミシンをかけ、二つ折りにして、0.8cm幅にステッチをかける。
7. 後ろの裾をまつる

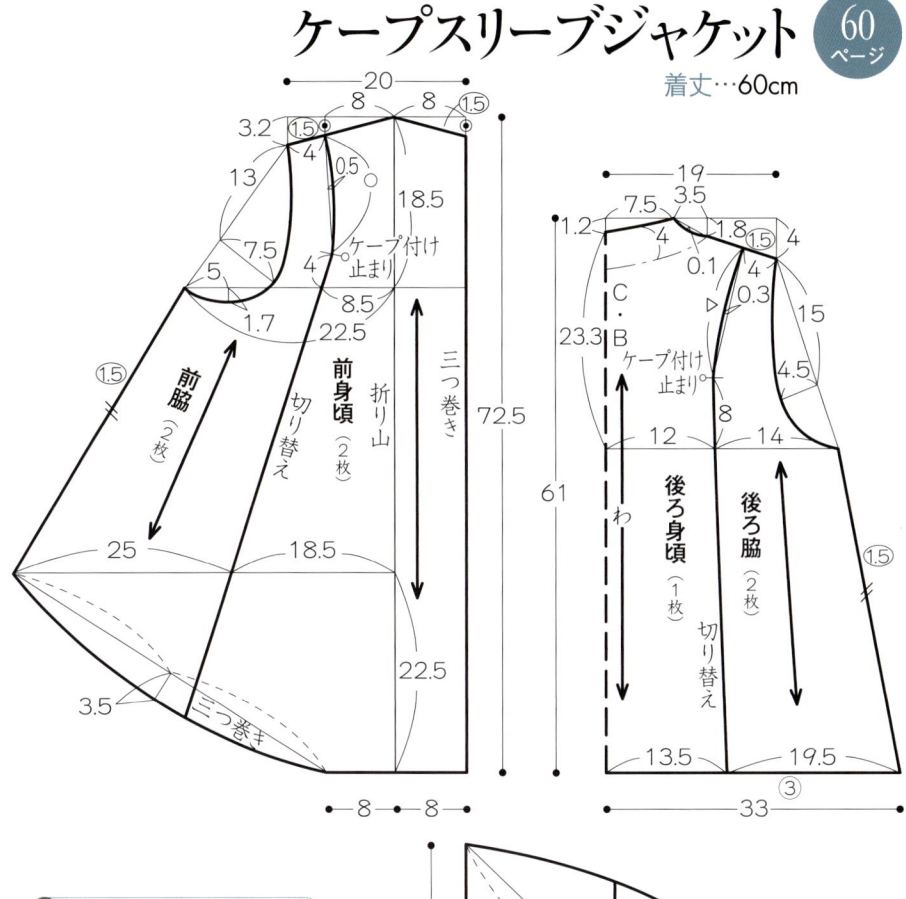

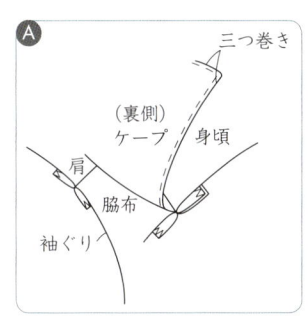

▲ケープのようにふわっと肩を覆い、脇下は開いているきものスリーブ。留袖の柄を配置することで、より印象的に。

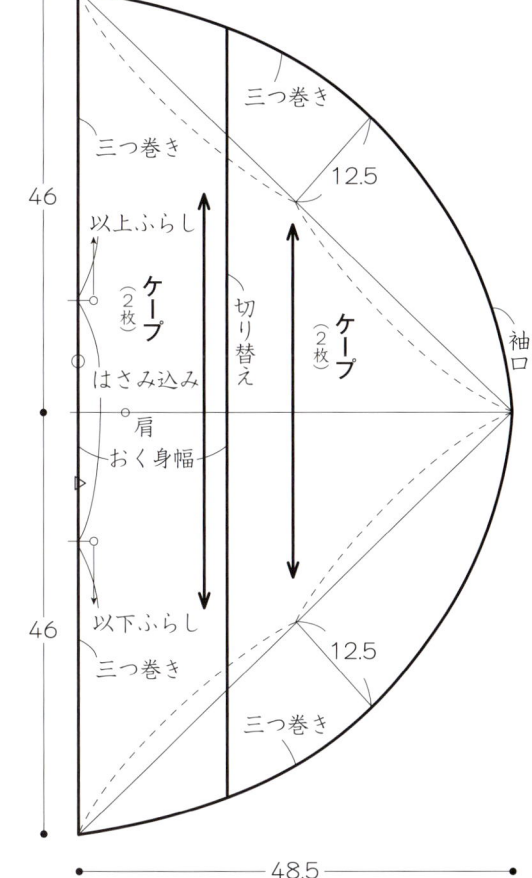

※製図上の○囲み数字は、ぬいしろです。指定以外はすべて1cm。

デザインラペル
ジャケット＆
ロングスカート
作り方は104～105ページ

刺しゅうを加えた豪華な黒留袖1枚からなるひと揃え。柄が一番美しい上前の部分を、ジャケットの衿、袖、スカート裾に、アシンメトリーに配した斬新さが秀逸です。一見カジュアルな印象ですが、フローラインのスカートが、フォーマル指数を高めます。

きものスリーブドレス

作り方は106ページ

ひらりと揺れる、きものスリーブのロングドレス。披露宴など、着席時間の長い場面でもお腹まわりが苦しくならないよう、ハイウエスト切り替えに仕上げました。そのため立った時もウエスト位置が高く見えるので、脚長バランスを演出する優秀なドレスに。

母から娘へ贈るきものウエディング

和装婚がブームの昨今。たとえば、お母様が着た白無垢や、成人式の振り袖が、時を経て、ウエディングドレスに生まれ変わったら…。ご家族の喜びもひとしおです。

振り袖ドレス

たんすに眠っていた、成人式の振り袖を使ってお色直しのドレスを作るのもおすすめです。
咲き誇る色鮮やかな花々を配したピンクの振り袖を用いたドレスは、特別な日にふさわしい逸品に。

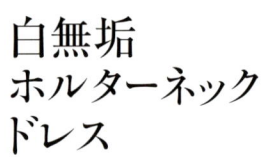

白無垢 ホルターネック ドレス

ホルターネックとマーメイドラインで、女性らしいシルエットに仕上げた白無垢ドレス。首のリボンはトレーンと重なるよう、長くあしらいました。シフォンのリボンがなびく後ろ姿は、バージンロードを歩くおごそかな場面で、周囲の視線を釘付けにします。

作り方は3点とも108〜111ページ

白無垢 コサージュつき ドレス

大空に羽ばたく鶴の紋様が織り込まれた白無垢のウエディングドレス。スレンダーなシルエットに、大きなコサージュがアクセントをプラス。後ろ姿のトレーンが際立つよう、コサージュを腰につけても。

Wedding

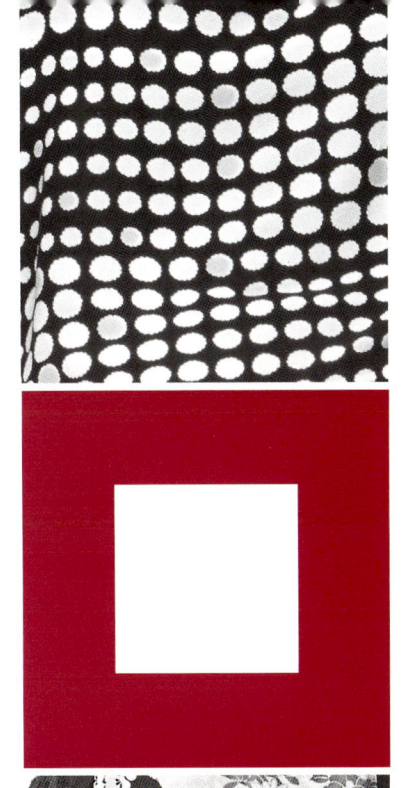

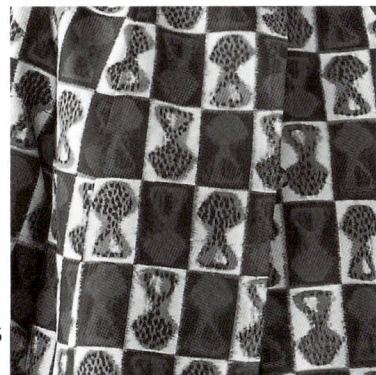

リメイク服の作り方

リメイクをするときに ◆◆◆ p.66~72
コート&ジャケット ◆◆◆ p.73~76
ワンピース ◆◆◆ p.77~85
チュニック ◆◆◆ p.86~89
ブラウス ◆◆◆ p.90~92
パンツ ◆◆◆ p.93~95
マーガレットボレロ&ベスト ◆◆◆ p.96~97
セットアップ ◆◆◆ p.98~103
フォーマル ◆◆◆ p.104~107
ウエディング ◆◆◆ p.108~111

製図記号と各部名称の略語

製図には、さまざまな記号が記されています。それらの記号には、意味があり、作る上での決まりごとがあります。

製図記号

- 出来上がり線
- 見返し線
- わに裁つ
- 等分線（さらに●・△などがつくこともあります）
- いせ・ギャザー
- 合い印・ピン印
- 地の目
- ステッチ（1.0st）
- 突き合わせの印
- 直角の印
- タック（タック方向）
- 同寸
- 交差

各部名称の略語

- **N.P** ネックポイント。肩線上の首の付け根位置
- **S.P** ショルダーポイント。肩先の位置
- **A.H** アームホール。袖ぐり寸法
- **BL** バストライン。胸囲線
- **WL** ウエストライン。腹囲線
- **C.F** センターフロント。前中心
- **C.B** センターバック。後ろ中心
- **st** ステッチ。

How to Sewing
リメイクをするときに…

布地を準備し、デザインも決まったら、次はいよいよ製作です。ここでは、製図をひき、裁断し、縫い合わせていくときの注意点や、サイズ変更の仕方など、製作をスムーズに進めるためのポイントをご紹介します。

型紙を作るときに

◆パターンの訂正

実物大の製図をひいたら、裁断に入る前に行う重要なことがパターンの訂正です。作図から実物大にひいたままだと誤差が生じるので、縫い合わせる長さが等しくなるように、右記のようにパターンを訂正し、縫製時に必要な合い印を入れます。製図を重ねて、線を書き直すことでつながりが美しくなります。

衿ぐり・袖ぐり
- 自然なカーブ
- 肩線
- つながりよく

脇
- 元の線
- つながりよく線を書き直す

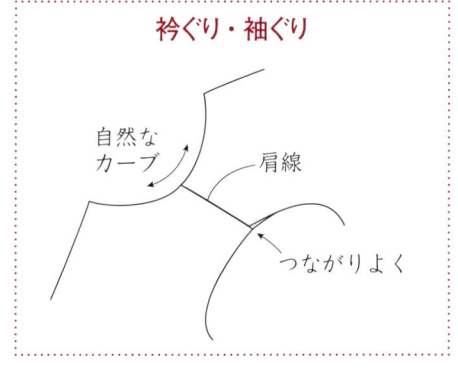

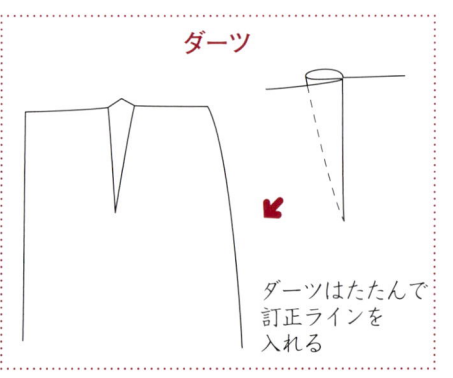

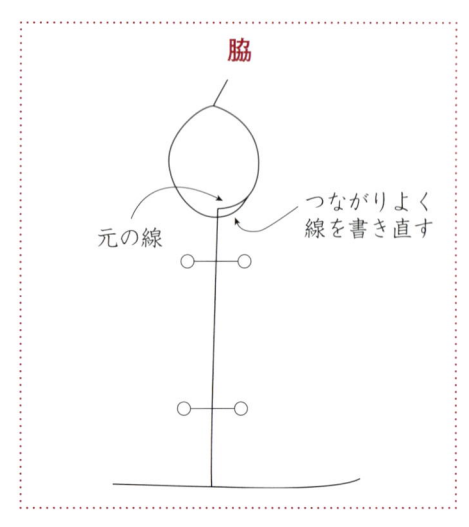

ダーツ
- ダーツはたたんで訂正ラインを入れる

※型紙をカットする前に、肩、脇、袖下、衿付けなど、縫い合わせる長さが合っているかどうかを必ず確認しましょう。

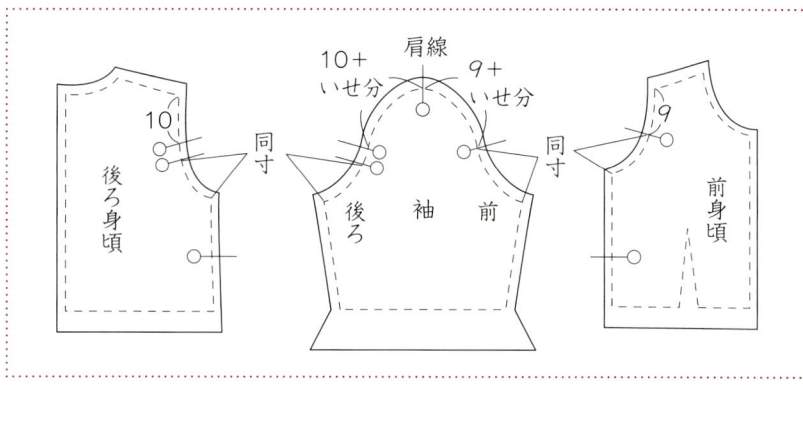

◆ 実物大型紙は、ぬいしろつきで作る

パターン訂正ができたら、ぬいしろをつけた型紙を作ります。ぬいしろをつけることで、布に配置したときの使用分もひと目でわかるうえ、印つけもポイントだけですみます。ぬいしろは指定外はすべて1cmです（製図参照）。

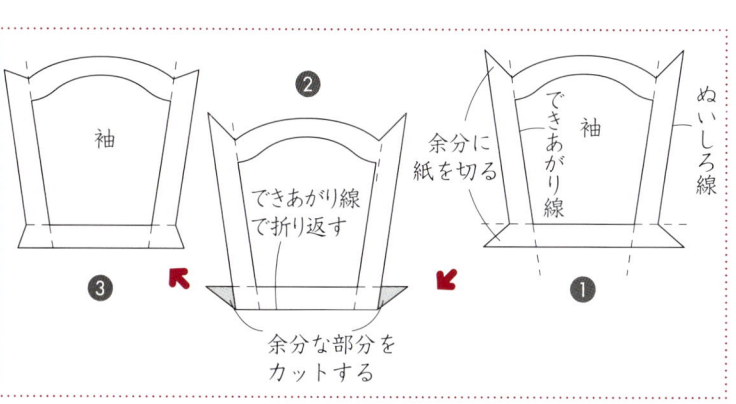

注意してほしいのは、袖口、パンツの裾、袖の両脇、パンツの股下などのぬいしろのつけ方。そのまま線を延長しただけでは、ぬいしろを折り返したときにぬいしろが不足してしまいます。右図 ❶ のように、ぬいしろの線を余分に引いた形で型紙をカット。❷ できあがり線で折ってはみだした部分を切り、❸ 正しいぬいしろをつけていきます。

サイズとサイズ変更

本書で紹介している服のサイズは、M〜Lサイズと記していますが、バスト86cm、ウエスト66cm、ヒップ94cm、肩幅38cm、袖丈55cm、身長158cm（ヌード寸法）をもとに、作図をしています。ただし、できあがりサイズは、このヌード寸法にゆとり分を入れています。

以下に、簡単なサイズ変更の仕方をご紹介します。

◆ 身幅をもう少し広く（狭く）したい

全体で4cmまで広く、また狭くしたい場合は、脇の操作で簡単にできます。広く（狭く）したい寸法の1/4（1cmが限度）を脇で平行に線を引きます（狭くした場合、●が広くした場合、○が狭くした場合）。脇線を変えると、アームホール寸法も変わってくるので、ひじ線を目安に袖下線を引き直します。

◆ 着丈、袖丈をもう少し長く（短く）したい

着丈の場合、希望寸法を裾線で平行にひき直します。ただし、フレアラインなどは極端に長さを裾だけで変更すると、シルエットが変わってしまいます。

袖丈は、2cm程度までならそで口線並行に引き直します。

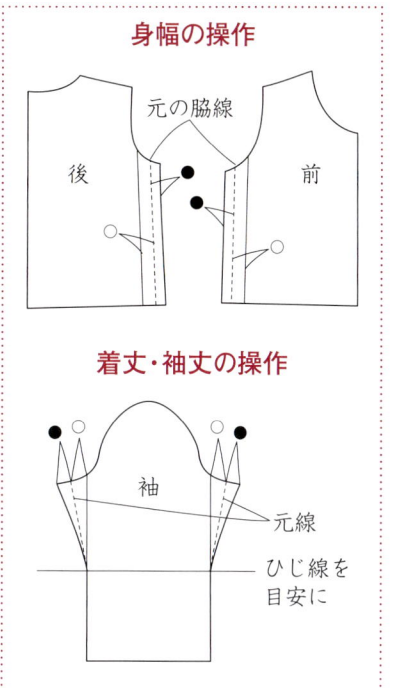

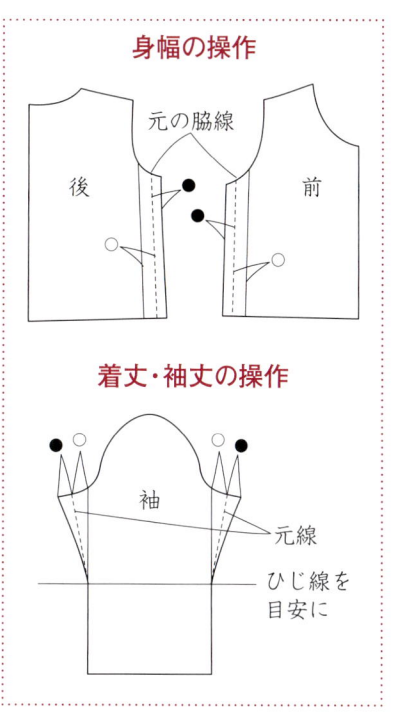

裁断について

型紙の修正が終わったら、いよいよ裁断です。その前に、布のダメージ箇所を再度チェック。その部分を避けてとるか、避けきれないときは、別の方法（ポケットで隠す、アップリケをするなど）も考えるようにします。

まず、布を広げ型紙を配置します。これは、用尺が足りるか、柄の位置はどうかを確認するためです。

次に布端をそろえてきちんと布を整えます（縦地、横地を揃える）。型紙の地の目線と布端を平行にとりながら、まち針でとめていきます。

裁断します。見返しなど芯貼りパーツはまず粗裁ちし、芯を貼ったのちに、型紙どおり裁断します。

裁断できたら、合い印にノッチ（0.3cmの切り込み）をいれます。縫い合わせのときは、このノッチを合わせながら縫い進めます。ぬいしろを指定幅できちんととることで、縫い合わせが楽になります。

この裁断例では、●のところには紋が入っています。紋の入る場所を考えて型紙を配置するといいでしょう。

〈袖〉 36cm 110〜120cm
〈身頃〉 36cm 36cm 310〜320cm
〈おくみ〉 18cm 135〜140cm
〈衿〉 スカート裾布 スカート裾布 18cm 190〜200cm

68

右図は1枚のきものを使った、裁ち合わせ図の一例です。52ページのドレープロングジャケット＆スカートはこのようにとりました。一部、型紙が入らない場合は、耳はぎ（※）をして幅を増やしてから、裁断します。

※耳はぎ
袖下やパンツの股ぐりなどで、少し布が足りないときなどに用いる方法です。この場合は、耳を利用して布をはぎ、0.7〜0.8cmのところを縫います。耳は左図のように縫い割るか、片返ししてコバステッチでおさえます。はいだ後に、型紙をのせて裁断します。

耳を利用して
0.7〜0.8で縫い割る

接着芯のこと

接着芯にはさまざまなタイプがありますが、使いやすいのは「編み地」の薄手タイプ。どんな素材やデザインにも合わせやすい芯です。伸縮性がありやわらかな風合いで、表地となじみやすいのも特徴。
また、「織り布ざっくりタイプ」は、ソフトに仕上がり肉感も出るので、ジャケットやコートの全面貼りにおすすめ。
「織り布緻密タイプ」は、しっかり仕上がるので、シャツカラーの台衿、表衿に向いて使います。部分に合わせて、使い分けてください。

なお、芯にも地の目があります。表地と同方向の地の目で使用してください。

芯貼りが必要な理由
1 美しいシルエットを作る
2 型崩れを防ぐ
3 補強の役目をする
4 縫製がしやすくなる

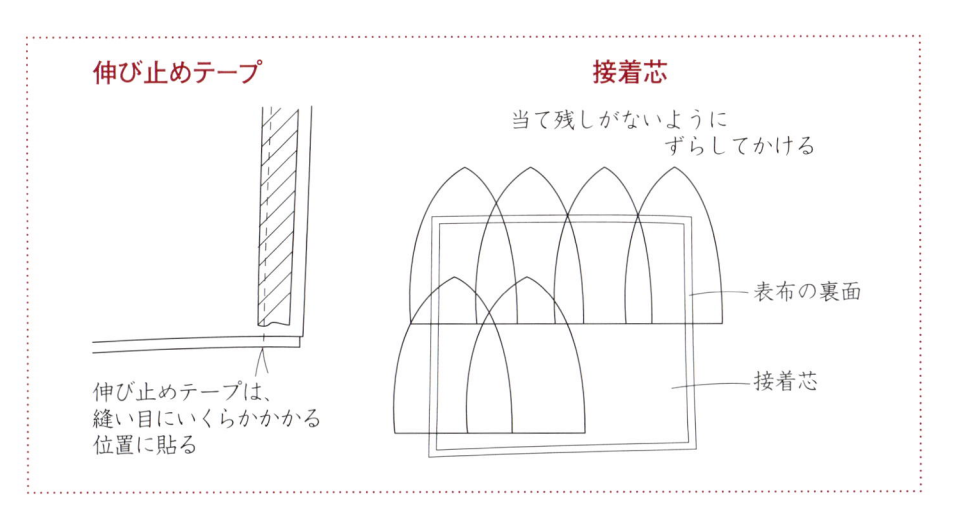

布目通しのもので、前端、ラペルの返り線の1cm奥、ポケット口に使用します。「ハーフバイアス」は少しバイアスにとったもので、カーブ部分、前肩などに。「バイアス」は正バイアスのもので、袖ぐりや衿ぐりなど、伸びが必要なところに使います。

◆貼り方
接着芯、伸び止めテープを貼る場合は、それらの上に当て布（またはハトロン紙）をして、その上からアイロンをかけますが、上から押さえて、位置をずらしながらあてていきます。使用する場所によって、種類を使い分けます。「ストレート」は布目通しのもので、縫ったときに縫い目がいく位置に貼りましょう。

◆伸び止め
伸びては困るところに使用する接着テープです。使用する場所によって、種類を使い分けます。「ストレート」は

伸び止めテープ
伸び止めテープは、縫い目にいくらかかかる位置に貼る

接着芯
当て残しがないようにずらしてかける
表布の裏面
接着芯

裏地のこと

本書で紹介している、ほとんどの作品はひとえで作って着ていただけますが、透ける素材、薄い素材やジャケット、コートなどを作る場合は裏地をつけたほうがいいでしょう。きものリメイクにはいろいろありますが、裏地にもいろいろありますが、性のいい「キュプラ」がおすすめです。

裏地は、表地のパターンを利用して裁断します。ぬいしろは、見返しと縫い合わせるところは1cm、ジャケット・コートのC・Bは2cm、ほかの縫い合わせ部分は1.5cmとります。

裏地をつける理由
1 すべりを良くし、着脱を楽にする
2 型崩れ防止
3 保温効果
4 デザインのラインを美しく出す

◆裏地の縫い方

脇、切り替え（パネル）、C・B、袖下、股下はキセ縫いをします。基本は縫い代1cmで縫い、0.5cmのキセをかけます。C・Bと裾や袖口（どんでんの場合）は1cmで縫い、1cmのキセをかけます。

また、裏裾、裏袖口は裁ち切りにします。裏袖は、袖底で2.5cmゆとりをとります。

上衣のどんでん（表地と裏地を1か所縫い残して中表にぐるりと縫い、縫い残したところから表に返す方法）の場合は、表身頃裾や表袖の袖口のぬいしろ4cmに対し、裏裾や裏袖口のぬいしろは1cm、ジャケット・コートのC・Bは1.5cmとりの縫い合わせ部分は1.5cmとります。

最後に中とじをします。中とじは、ウエストあたり、袖下のひじのあたり、肩先、袖底。ジャケットやスカート、ワンピースなどの裾は脇裾を糸ループで表地とつなぎます。

裾、袖口どんでんは1cmで縫い合わせて1cmのキセをかける

上がり裁ち切りは1.5cmの完全三つ折り。
結果3cm表地より控えられる

ぬいしろは中心側へ片倒し。
C.Bは右高片倒しに

ぬいしろの始末

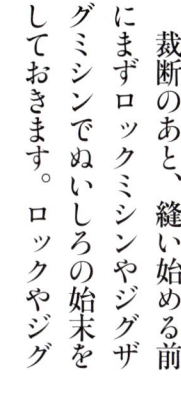

裁断のあと、縫い始める前にまずロックミシンやジグザグミシンでぬいしろの始末をしておきます。ロックやジグザグミシンがない場合、ほつれにくい布の場合は、すてミシンをかけたあとピンキング始末でもいいでしょう。

ごく薄手のもの
- 袋縫い
- または
- 折り伏せ縫い

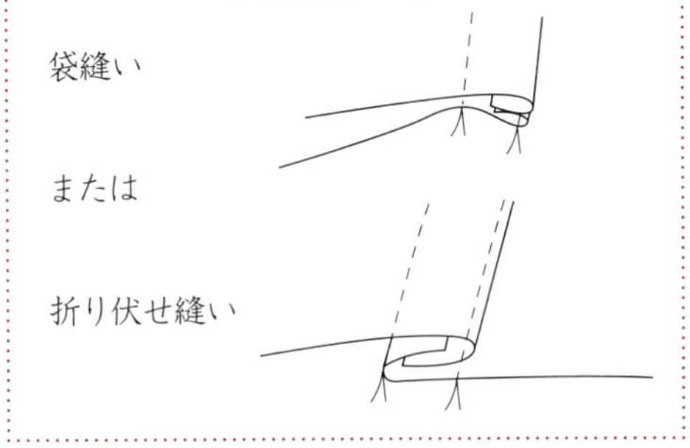

ロックやジグザグがない場合の始末
- 落としミシン
- 0.5cm幅パイピング
- 0.5cm幅すてミシン
- ほつれやすい布には裏地パイピング
- 布端をピンキングカット

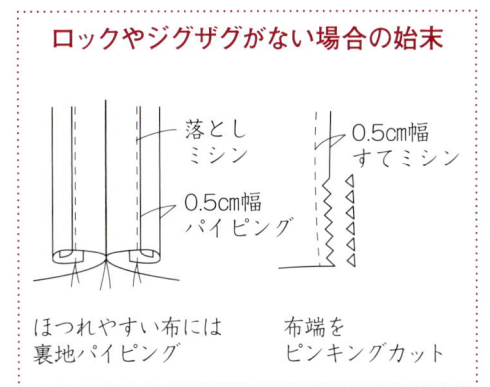

裾、袖口など
- 1cm折って端ミシン できあがりに折り上げまつる
- 0.5cm幅パイピング まつる
- 落としミシンか、まつりで始末する
- 0.5cm幅
- 地縫い
- アームホールは裏地パイピングでくるむ

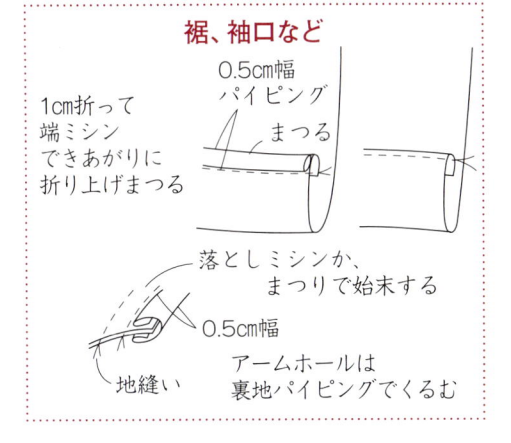

スリットのある脇など
- 見返し
- 0.5cm折ってミシン
- 割り伏せ縫い

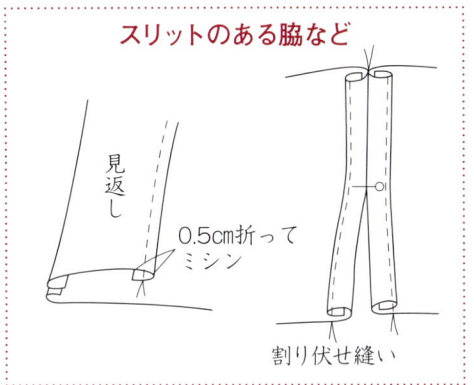

見返し裾の始末

見返しのついた裾の場合、始末の仕方が変わってきます。2種類の始末の仕方をご紹介します。

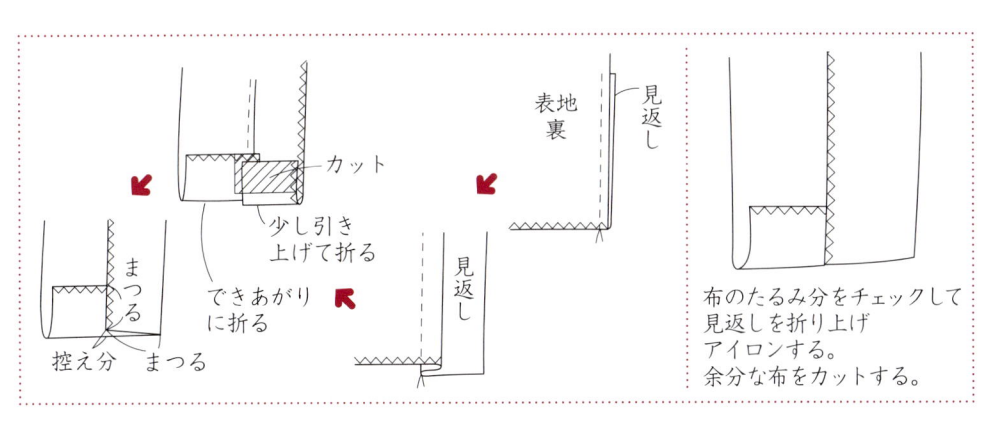

- まつる
- 控え分　まつる
- カット
- 少し引き上げて折る
- できあがりに折る
- 表地裏
- 見返し
- 布のたるみ分をチェックして見返しを折り上げアイロンする。余分な布をカットする。

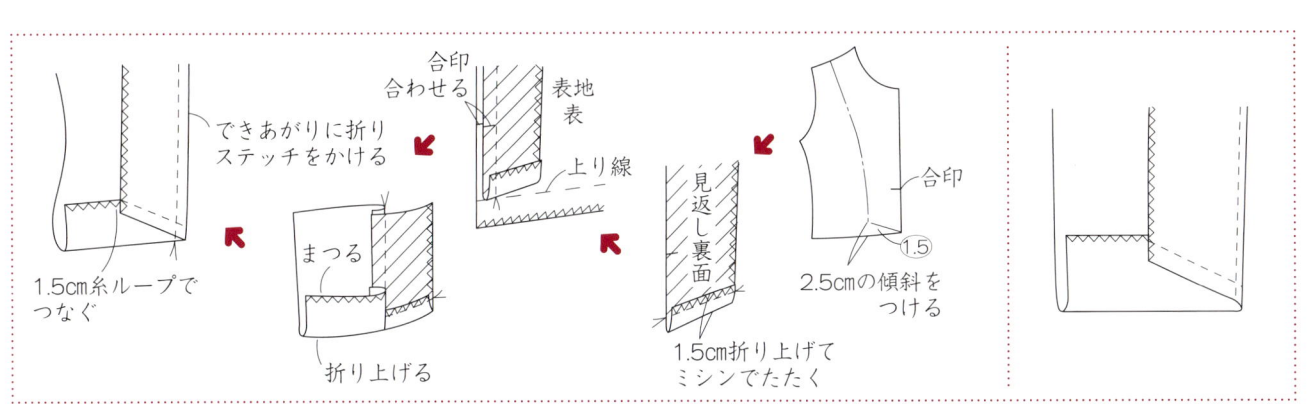

- 1.5cm糸ループでつなぐ
- できあがりに折りステッチをかける
- まつる
- 折り上げる
- 合印合わせる
- 表地表
- 上り線
- 見返し裏面
- 1.5cm折り上げてミシンでたたく
- 合印
- 1.5
- 2.5cmの傾斜をつける

71 | How to Sewing

バイアスの作り方

衿ぐりや袖ぐりなどの始末に使われるバイアス布。縁取りの幅によって、バイアス布の幅は変わってきます。例／1cmの縁どりをする場合は、1cmの縁面＋1cmのぬいしろ×2＝4cmになります。❶正バイアスに布をとり、バイアス布の幅分（この場合は4cm）をとります。裁ち線を合わせて、ミシンをかけ、必要な長さにします。❷布の裏に厚紙を入れ、両端をアイロンで折ります。❸さらに二つ折りにしてアイロンをかけます。

図: バイアス布（縁どり布）、裁ち落とす、0.1〜0.2、2cm幅の厚紙、両端を折る、4cmがバイアス布の幅になる、布

高い完成度を目指すなら、仮縫いを

きもの地は、布量、布幅が限られています。思い出のある大切なきものを使う場合はなおさら、失敗したくありません。手間はかかりますが、仮縫いしてから本製作するほうが安心。衿元の開き具合、丈のバランスなどを見たいときなども仮縫いすることをおすすめします。

作図し、訂正したパターンを、チャコペーパーなどでシーチングにうつし取り、着られる状態に縫います。この時、ぬいしろは多めに。仮縫いしたら、実際に着てみて、余分なたるみや不足分を確認し、赤で印をつけ、それをパターンにうつし、修正パターンを作るのです。後ろも重要なので、誰かに見てもらうことができるとなおいいでしょう。

完成したリメイク服のお手入れ方法

◆気持ちよく着るために、水洗いしましょう

ほどいたきもの地を洗う、のページでもお話ししたように、洗ったきもの地で作ったリメイク服なら、普段のお手入れも水洗いが可能です。むしろ、本書でご紹介したリメイク服は、普通の洋服と同じ感覚でデイリーに着ていただきたいものが多いので、お手入れもご自宅でしていただきたいのです。

水洗いをする際の注意点は、とにかく手早く洗うこと。絶対してはいけないことは、湯洗い、つけ置きとねじり絞り。色落ちは必ずといっていいほどするものが多いので、単品洗いが基本です。洗い方としては、洗面器や洗面台に水をはり、絹やおしゃれ着洗い専用の洗剤を数滴たらし、軽くふり洗いし、流水ですぐという方法。軽く水をきったら、バスタオルの上で形を整えながらくるみます。タオルごと洗濯ネットに入れ、洗濯機で軽く脱水します。終わったら、さっとしわをのばし、直射日光の当たらない場所で陰干しします。仕上げは、半乾きの段階で服の裏からドライアイロンをかけ、完全に乾かします。もし、ごわつきが気になったら、水洗いの時に柔軟剤を加えてもいいでしょう。

また、インナーなどを着ていたため、服が直接肌に触れなかった場合や、汗をあまりかかず、短時間しか着なかったので水洗いするほどではない、と判断した場合は、風通しのよい場所に下げておくのもひとつの方法です。外でついてきたにおいやほこりを簡単に落とすだけでも、次にリメイク服を身につける時の気持ちよさが違うはずです。

衿つきAラインコート

着丈…98.3cm　**袖丈**…56cm

15ページ

材料
- きもの…1枚
- 接着芯…90cm幅×1.3m（衿両面分、見返し、裾ヘム、袖口ヘム）
- 伸び止めテープ…1cm幅×3.5m（衿ぐり、前端、前肩、ポケット口）
- ボタン…直径3cm×1個
- 肩パッド…0.5cm厚×1セット
- スナップ…5セット
- 裏地…90cm幅×30cm（ポケット袋布、肩パッドくるみ分）

作り方
1. ポケットを作る
2. 前身頃と前脇布を縫う
3. 後ろ身頃と後ろ脇布を縫う

◆前、後ろとも、それぞれのぬいしろを2枚一緒にロックをかける。

4. 切り替え部にステッチをかける
5. 脇を縫い、ポケットをつける
6. 肩を縫う
7. 衿を作る
8. 見返しを作る
9. 衿をつけ、前端を縫う

◆身頃と見返しを中表に合わせ、衿をはさみこんでつける。前端にステッチをかける。

10. 袖を作り、つける
11. 肩パッドをつける

◆肩パッドは裏地でくるみ止めつける。

12. 裾の始末をする
13. 1番上に飾りボタンと、それぞれスナップをつける

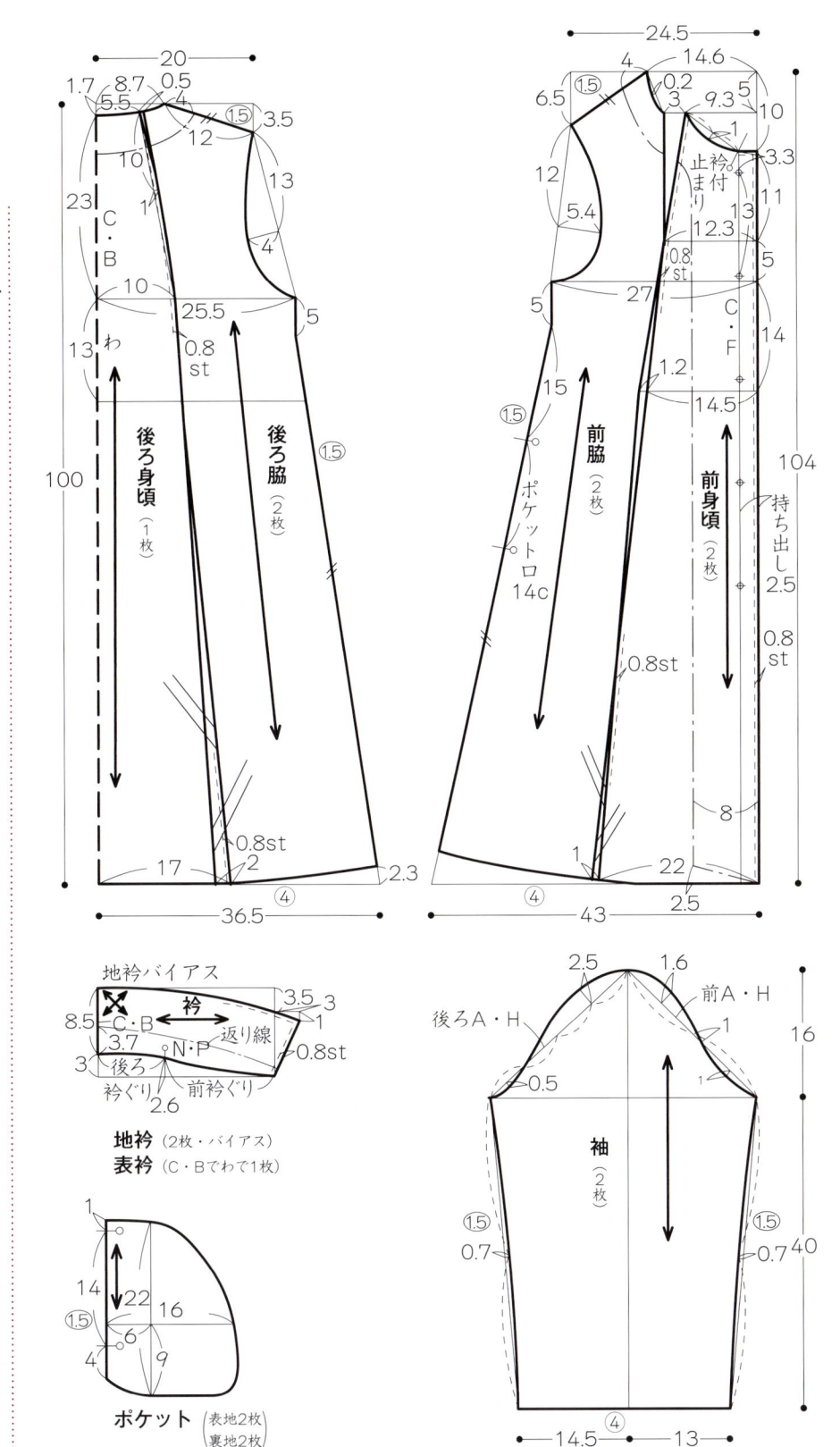

※製図上の○囲み数字は、ぬいしろです。指定以外はすべて1cm。

18ページ フルジップアップジャケット

着丈…58cm　袖丈…55cm

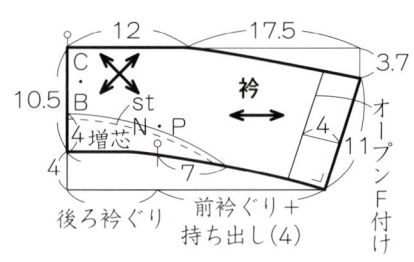

地衿（2枚・バイアス）
表衿（C・Bでわで1枚）

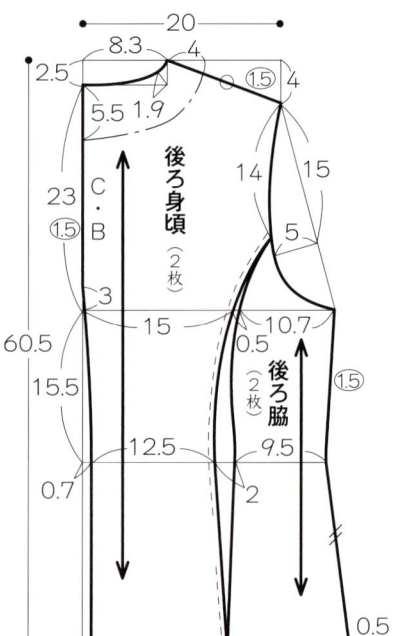

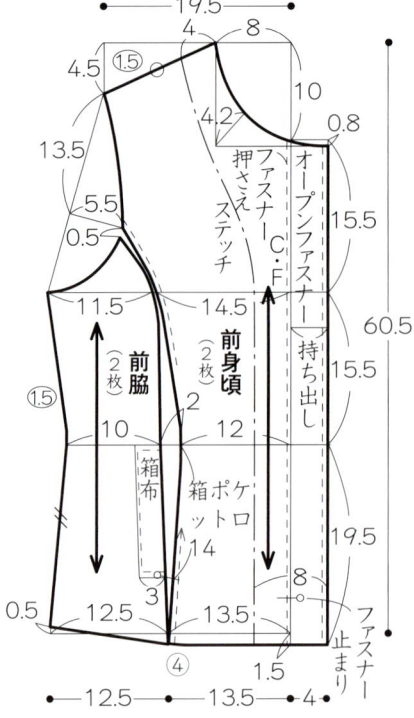

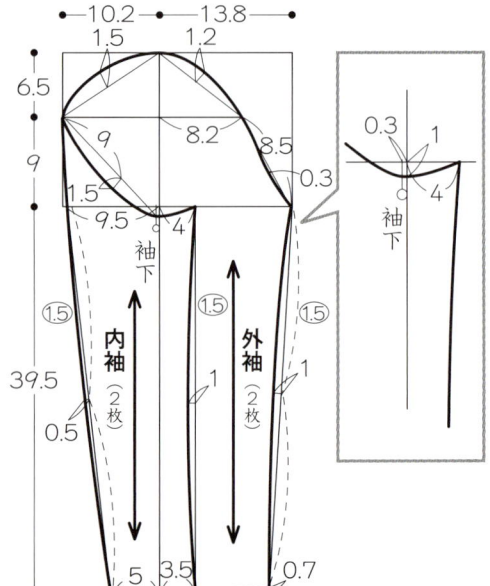

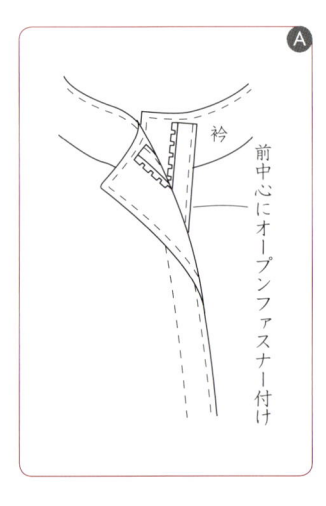

材料
羽織…1枚
キルティング裏地…92cm幅×1.2m（身頃分）　裏地…92cm幅×1.1m（袖分）　接着芯…90cm幅×1m（見返し、表衿、地衿、袖口）　伸び止めテープ…1cm幅×1.3m（前肩、前端）　オープンファスナー…58cm×1本

作り方
1. 内袖と外袖を縫う
2. 袖下を縫い筒状にする
3. ポケットの箱布を作る
4. 前脇の切り替え部に、箱布を作りつける
5. 前身頃と前脇布を縫う

◆ポケット口は残し、ぬいしろは割る。
◆切り替えのぬいしろは、前身頃側に倒しステッチをかける。

6. ポケット布をつける

◆身頃の切り替え部に、ポケットをつける。

7. 後ろ中心を縫う
8. 後ろ身頃と後ろ脇布を縫う

◆切り替えのぬいしろは後ろ中心側に倒し、ステッチをかける。

9. 肩を縫う
10. 脇を縫う
11. 袖をつける
12. 裏地を縫う

◆見返しと裏地を合わせ、裏を作る。裏は身頃がキルティング、袖は裏地。
◆キルティング地は、縫っているうちにずれる恐れがあるので、しつけをしておくと安心。

13. 衿を作る
14. 表地と裏地を合わせ、衿をつける
15. オープンファスナーをつける（A）

※製図上の〇囲み数字は、ぬいしろです。指定以外はすべて1cm。

ポンチョコート

着丈…71.2cm

材料
- きもの…1枚
- 接着芯…90cm幅×70cm（衿両面、前持ち出し見返し）
- 伸び止めテープ…1cm幅×20cm（袖口あき位置）
- ボタン…直径2.8cm×1個
- スナップ…2セット

作り方
1. 前端の裁ち出し見返しを縫う
   ◆裁ち出し見返しは芯を貼り、できあがりに折ってステッチをかける（A）。
2. 前、後身頃の切り替え線を縫う
3. 後ろ中心を縫う
4. 肩を縫う
5. 袖をつける
6. 袖下線を縫う
7. 脇を縫う（B）
8. 衿を作る
   ◆表衿と裏衿をつけ口を残して中表に合わせ縫い、表に返す。
   ◆表衿はできあがり線にそって折る（C）。
9. 衿をつける
   ◆裏衿を身頃につける。
   ◆衿ぐり線のぬいしろをくるんで（衿で身頃をはさむ）、コバステッチをかける。
   ◆衿の外周にもコバステッチをかける。
10. 裾の始末をする
    ◆裾は1cmで折り、端から0.8cmのステッチをかける（D）。
11. ボタンをつける
    ◆ボタンホールをあけ、ボタンをつける。
12. 袖口1cmで折り、端から0.8cmのステッチをかける。スナップをつける

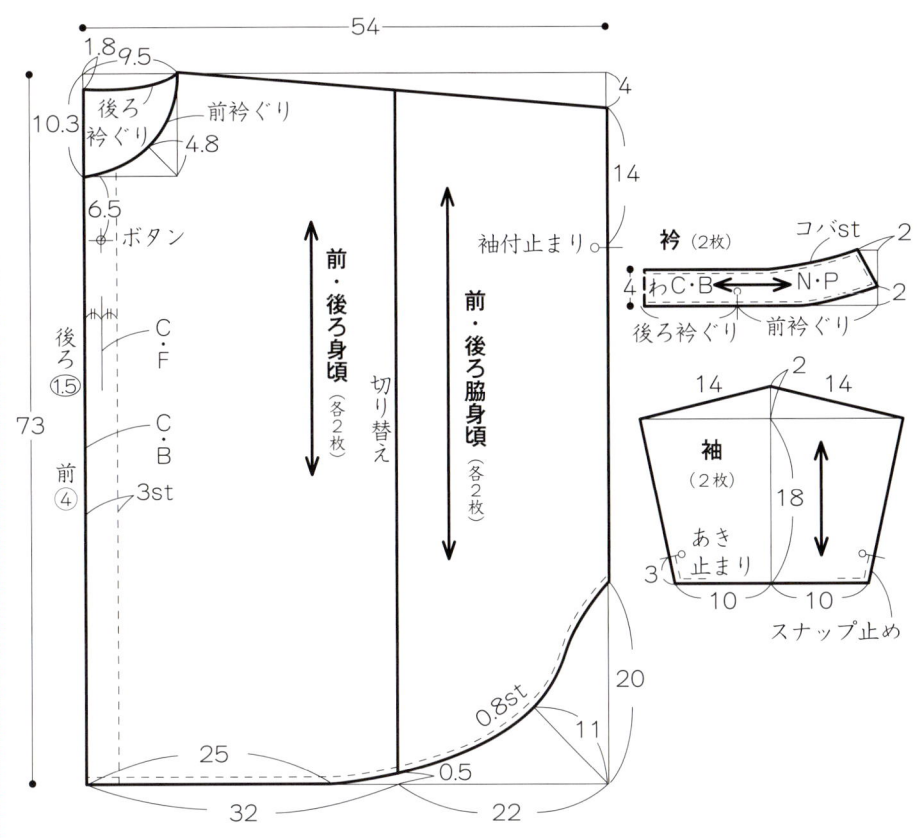

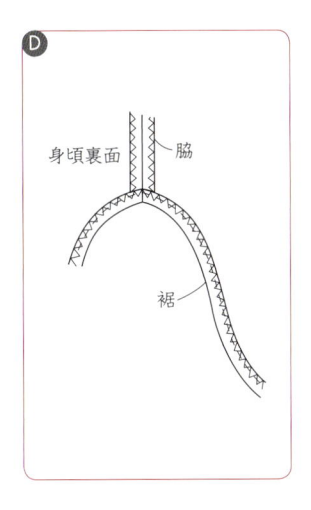

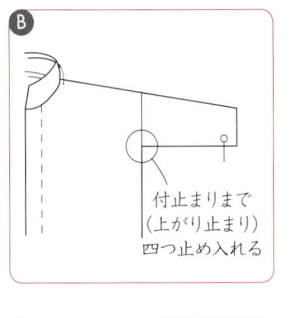

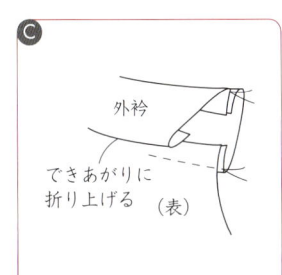

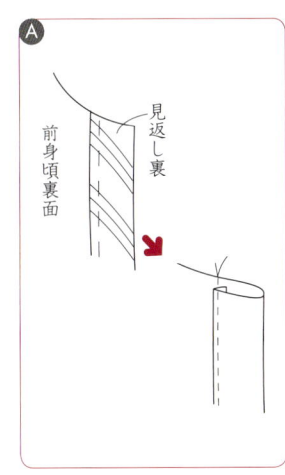

※製図上の○囲み数字は、ぬいしろです。指定以外はすべて1cm。

19・20ページ スタンドカラージャケット / ミリタリーコート

スタンドカラージャケット　着丈…66cm　袖丈…54cm
ミリタリーコート　着丈…102cm　袖丈…54cm

材料
雨ゴート…1枚（スタンドカラージャケット）
きもの…1枚（ミリタリーコート）
接着芯…90cm幅×100cm（見返し、衿）　伸び止めテープ…1cm幅×2.5m（衿ぐり、前端、ひも出し口、前肩）　オープンファスナー…58cm×1本　スピンドル…5m（ミリタリーコートのみ）　平ゴム…1cm幅×38cm（スタンドカラージャケットのみ）

作り方
縫う前の準備◆ミリタリーコートは袖口、裾内側、衿にひも通し口のホールをあけておく。

1. 後ろ中心を縫う
2. 前身頃と前脇布を縫う
3. ポケットを作り、身頃につける
4. オーバー布（ミリタリー用）を作る
5. 肩を縫う（オーバー布をはさむ）
◆肩のぬいしろは後ろに倒し、0.8cmのところにステッチをかける。
6. 脇を縫う
7. 衿を作り、つける
◆スタンドカラージャケットは、ゴムの両端を縫い止める。
◆身頃と見返し、それぞれに衿をつける。
8. ファスナーをつける
◆ミリタリーコートの前端はファスナーのカバー布、土台布も一緒に縫う。
◆衿に1.5cm幅のステッチをかける。
◆衿ぐりを中とじする。
9. 袖を作る
◆切り替え線を縫いステッチをかける。
◆袖下を縫い、筒状にする。
10. ウエスト内側に当て布をつける
11. 袖をつけ、袖口の始末をする
12. 裾の始末をする
◆ミリタリーコートは、後ろ中心スリットを利用してひも出し口を作る。
13. ひもを通す

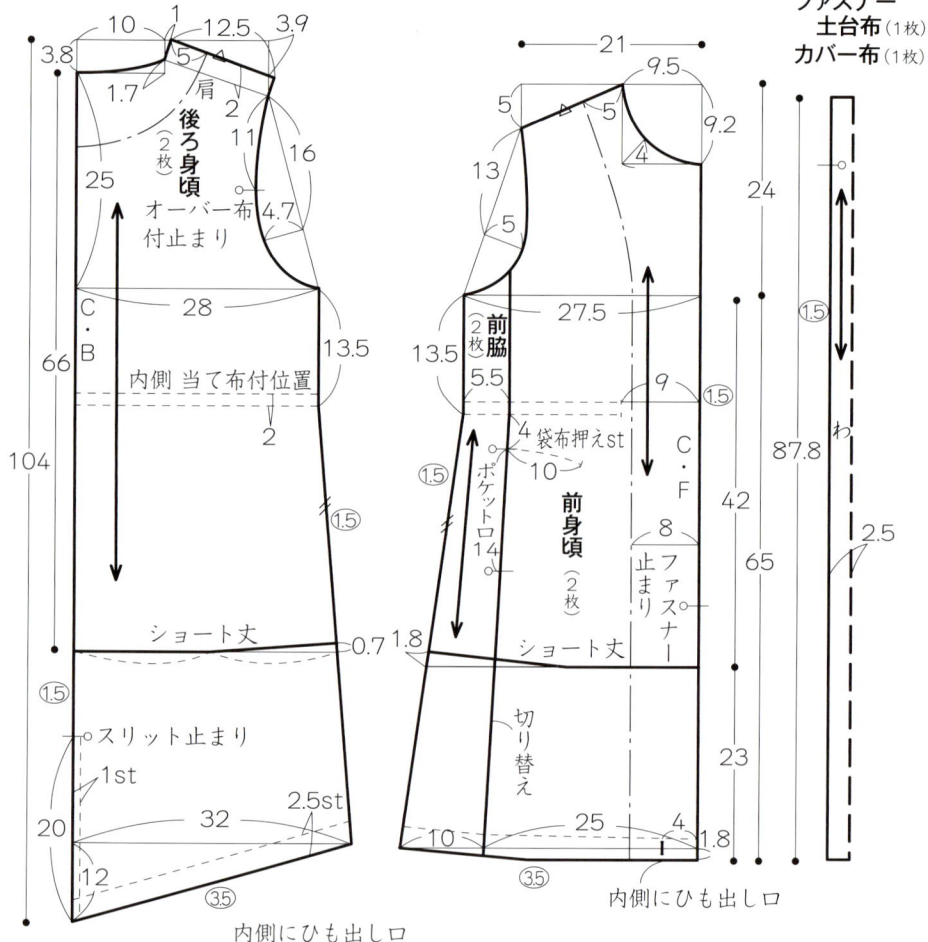

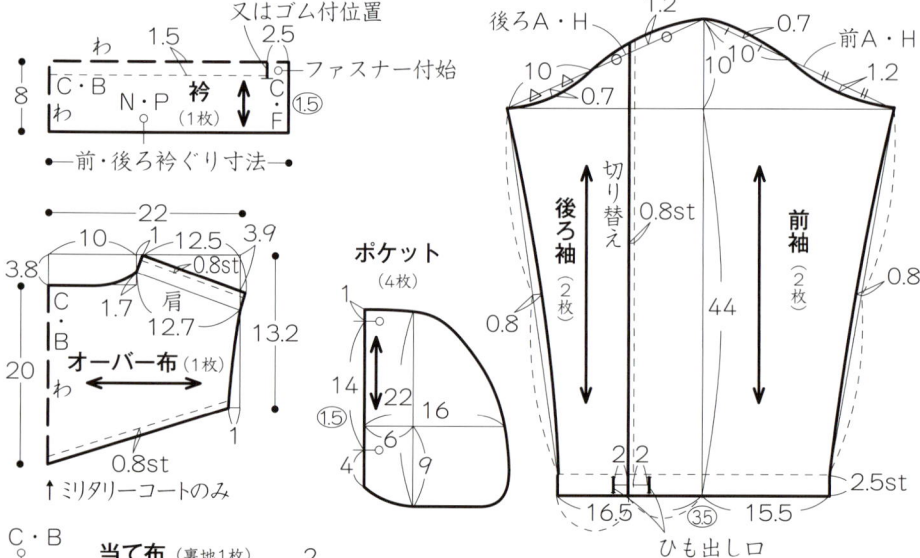

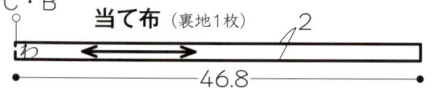

※製図上の○囲み数字は、ぬいしろです。指定以外はすべて1cm。

ギャザーフレアワンピース

26ページ

着丈…約93cm

【材料】
- 羽織…1枚
- 平ゴム…0.8cm幅×65cm
- スナップ…2セット

【作り方】

1. 前中心、後ろ中心、脇をあき止まりで縫う
2. あき部分をステッチで押さえる
3. 身頃のひも通し口を作る（A）
◆4カ所のあきを同様に縫う。
4. スカートを作る
◆マチもつける（B）。
5. スカートの裾を始末する
6. 身頃とスカートをはぎ合わせる
◆ウエストでぐるりとはぐ。
◆ぬいしろは2枚一緒にロックをかける。
◆ぬいしろを上に倒し、はぎ合わせ位置から1.2cmのところにミシンをかけ、ゴムを通す（C）。
7. 肩ひもを作る
8. 肩ひもを通す
9. ウエストベルトを作る
◆長方形のベルトを作ったら、前・後ろ中心で各々ネジリを入れて止めつける。
◆ウエストサイズに合わせ、左脇にスナップをつける。

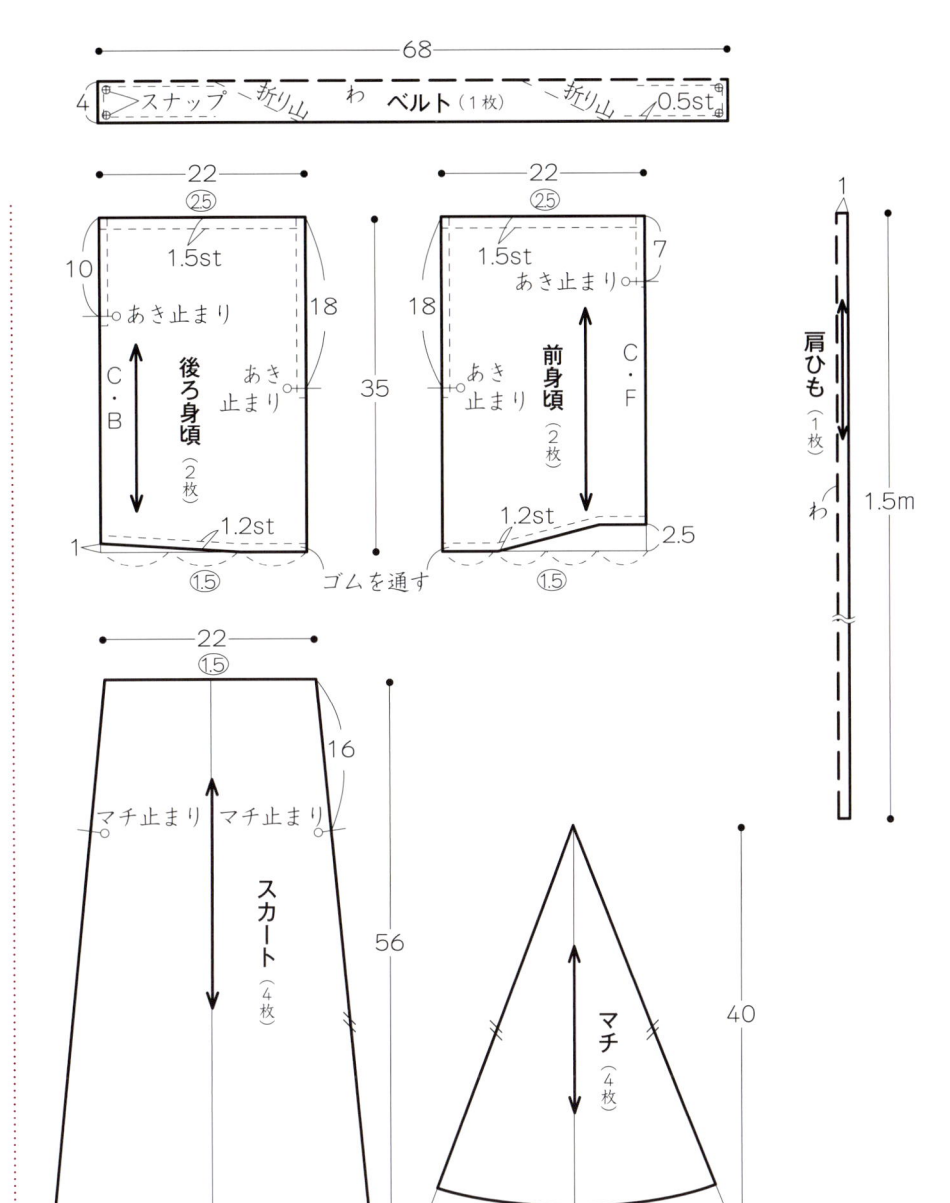

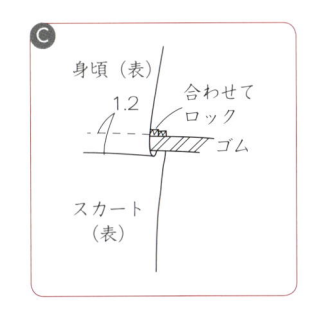

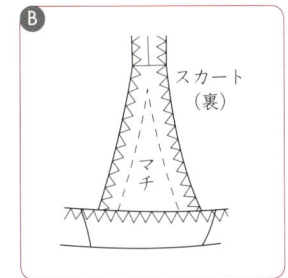

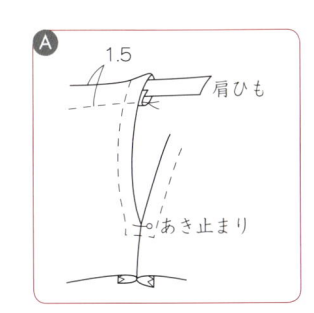

※製図上の○囲み数字は、ぬいしろです。指定以外はすべて1cm。

27ページ ギャザーワンピース

着丈…約105cm

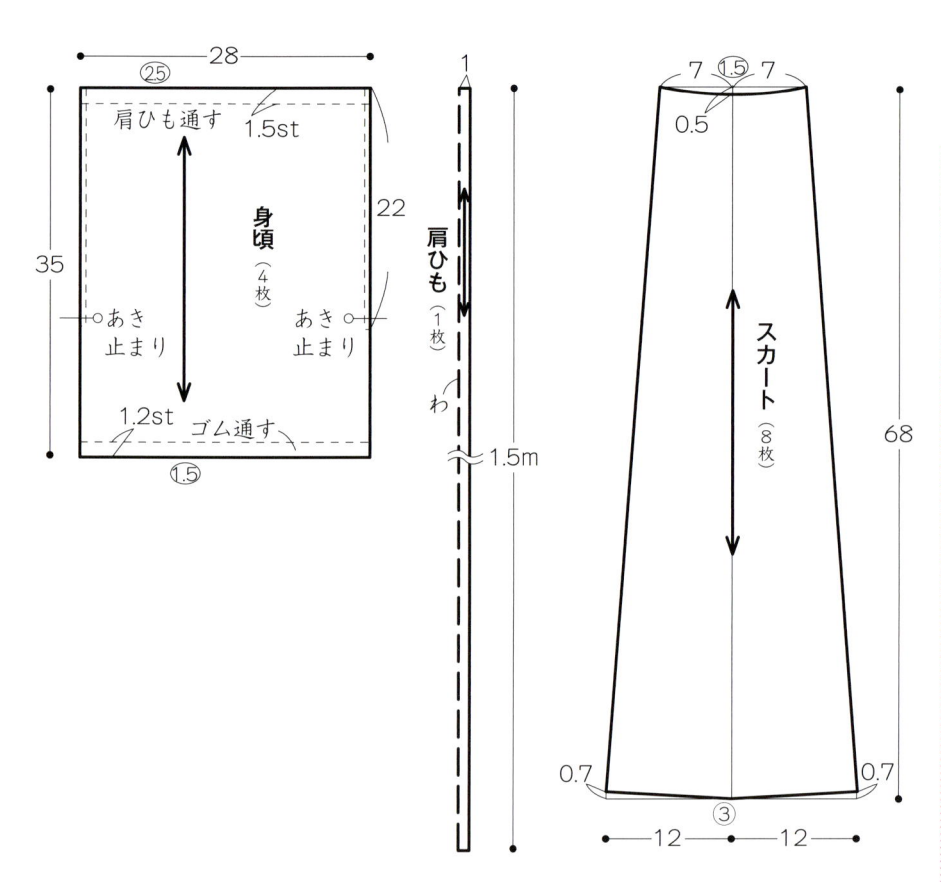

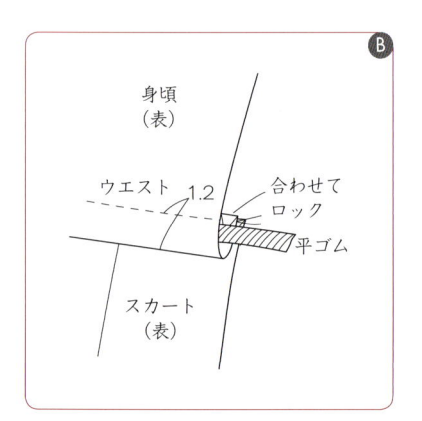

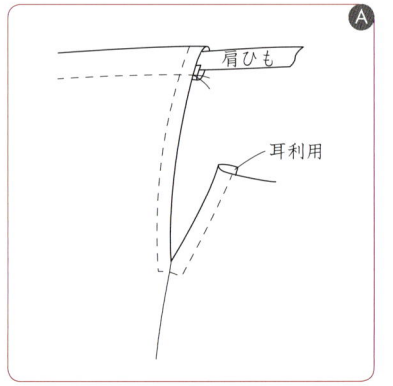

材料
きもの…1枚
平ゴム…0.8cm幅×65cm

作り方
1 身頃を縫う
◆4枚すべてあき止まりまで縫い合わせ、わの状態にする。
2 あき部分をステッチで押さえる
3 身頃のひも通し口を作る（Ⓐ）
◆4カ所のあきを同様に縫う。
4 スカート8枚をはぎ合わせる
5 スカートの裾を始末する
6 身頃とスカートをはぎ合わせる
◆ウエストでぐるりとはぐ。
◆ぬいしろは2枚一緒にロックをかける。
◆ぬいしろを上に倒し、はぎ合わせ位置から1.2cmのところにミシンをかけ、ゴムを通す（Ⓑ）。
7 肩ひもを作る
8 肩ひもを通す

※製図上の○囲み数字は、ぬいしろです。指定以外はすべて1cm。

ミニワンピース

28ページ

着丈…97cm（前N.P～裾）

材料
きもの…1枚
接着芯…90cm幅×50cm（パイピング布全面）
伸び止めテープ…1cm幅×3.3m（袖ぐり、ギャザー以外の衿ぐり、ヨーク切り替え部上下、肩）

作り方
縫う前の準備◆共布のパイピング布を用意する（3.5cm幅×衿ぐり分＋袖ぐり分）。
◆衿ぐり、袖ぐりは裁ち切り（パイピングで始末するため）。
◆伸び止めテープはパイピングからはみ出さないように細くカットする。

1. 前身頃、前脇、前中央の切り替え線を縫う
2. 後ろ身頃、後ろ脇、後ろ中央の切り替え線を縫う
3. 前、後ろそれぞれ、身頃と肩ヨークを縫い合わせる
4. 前身頃、後ろ身頃それぞれ、ギャザーをよせる
5. 脇を縫う
6. 肩を縫う
7. 衿ぐり、袖ぐりをパイピングで始末する（Ⓐ）
8. 裾を始末する
◆裾は2.5cm折り上げ、まつる。
9. リボンを作る

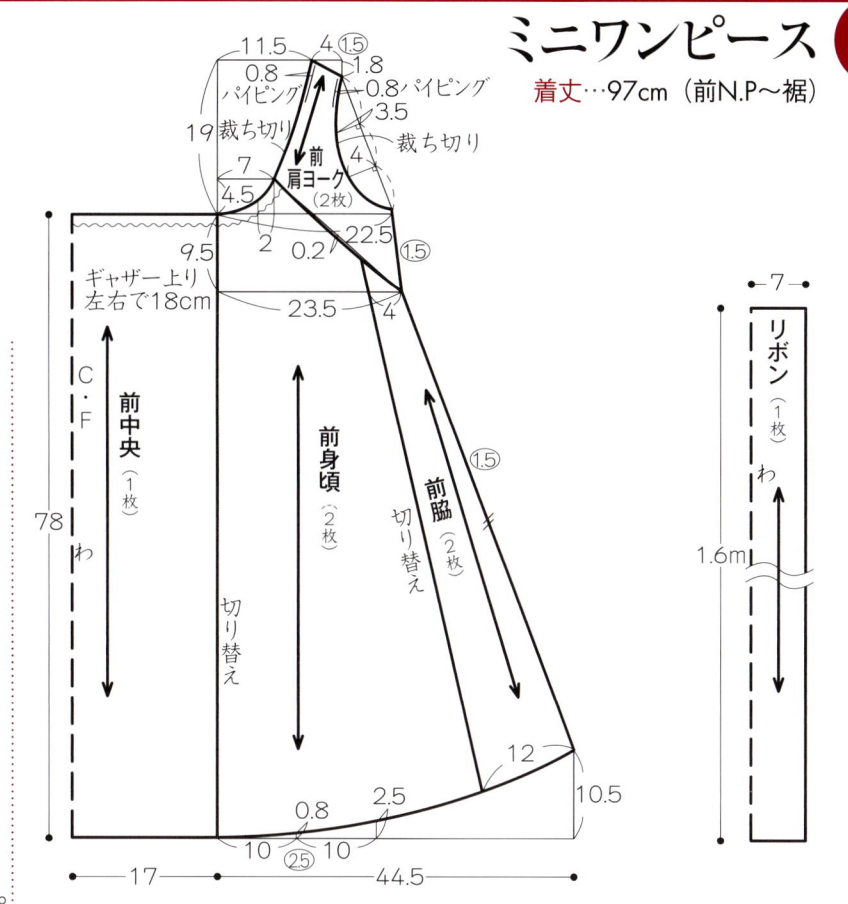

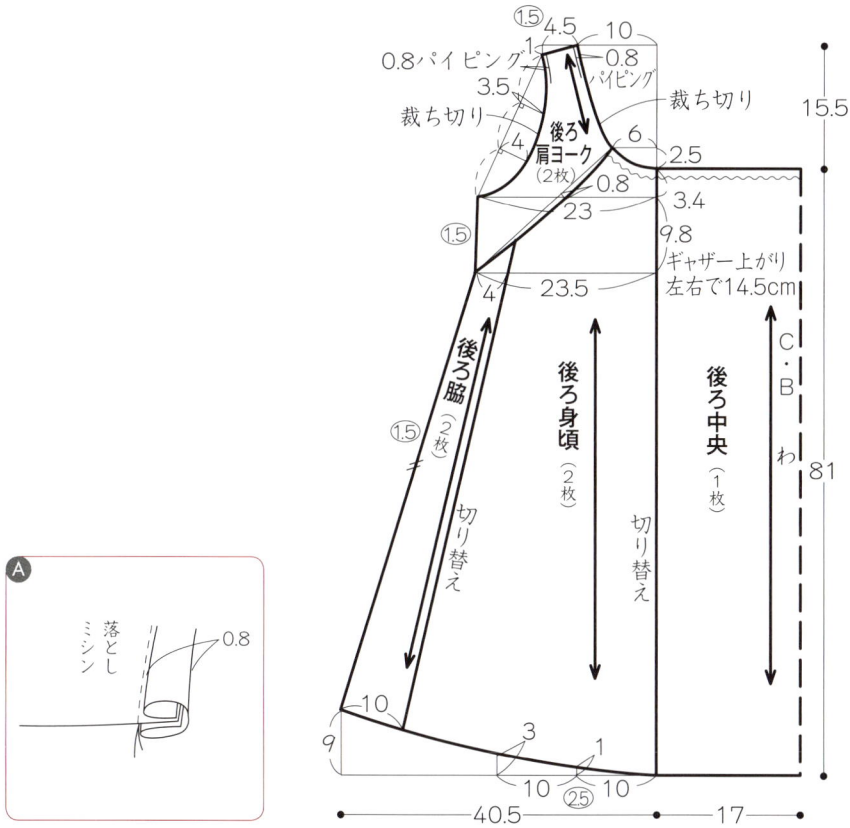

※製図上の〇囲み数字は、ぬいしろです。指定以外はすべて1cm。

28ページ クラシカルワンピース
着丈…96cm

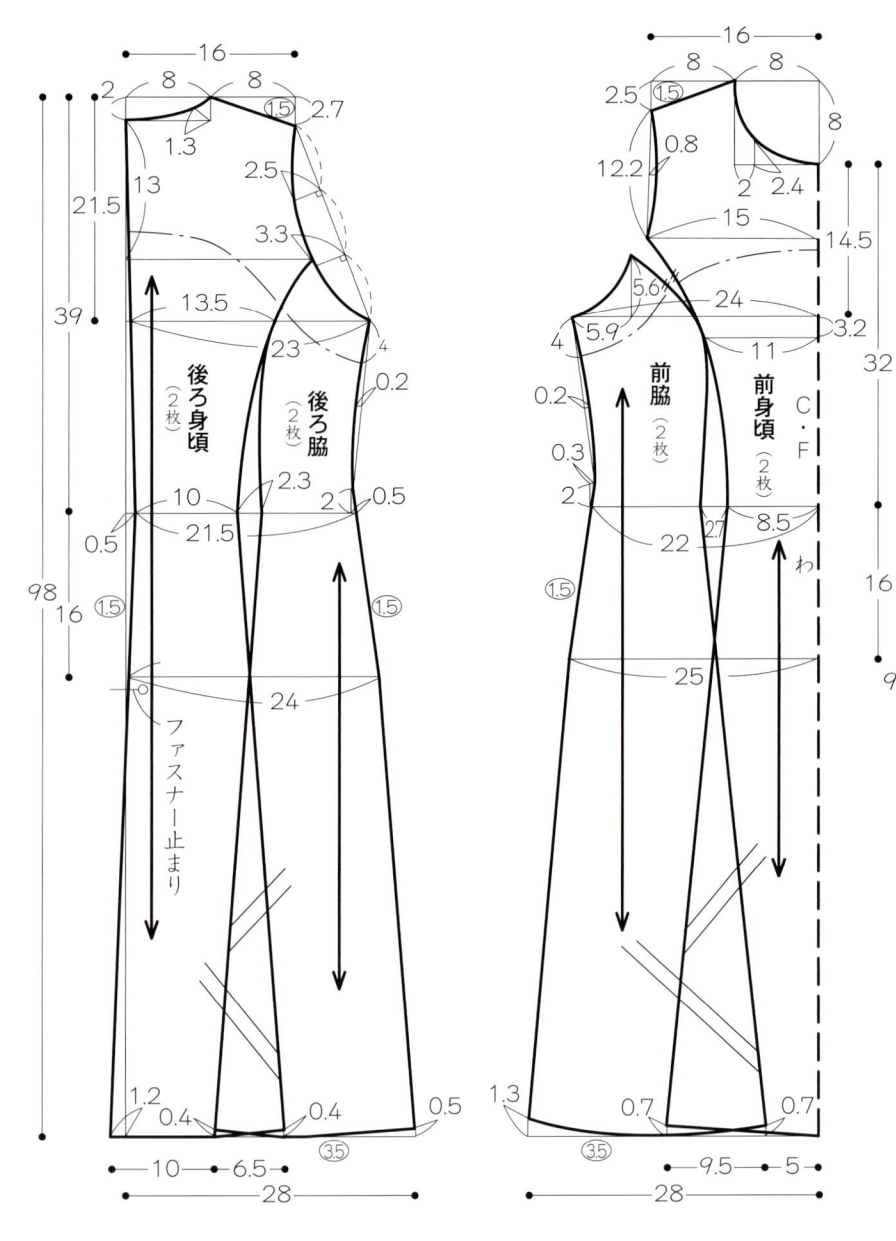

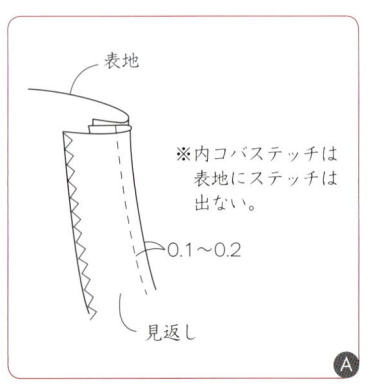

材料
- きもの…3/4枚
- 接着芯…90cm幅×50cm（見返し）
- 伸び止めテープ…1cm幅×1.6m（衿ぐり、袖ぐり、ファスナー止まり、前肩）
- スプリングホック…1セット
- コンシールファスナー…56cm×1本

作り方
1. 後ろ中心を縫う
2. ファスナーをつける
3. 前身頃と前脇布を縫う
4. 後ろ身頃と後ろ脇布を縫う
5. 肩を縫う
6. 見返しを作る
7. 身頃に見返しをつける

◆身頃を表に返し、仕上がりに整える。
◆衿ぐりと袖ぐりに内コバステッチをかける。
◆ファスナーの端に見返しをまつりつける。
◆内コバステッチ（裏コバステッチともいう）とは、ぬいしろを見返し側に片倒しにして、見返し端にステッチをかけること。仕上がりがきれいになる（A）。

8. 脇を縫う

◆見返しから続けて脇を縫う。

9. 裾を始末する

※内コバステッチは表地にステッチは出ない。

※製図上の〇囲み数字は、ぬいしろです。指定以外はすべて1cm。

マーメイドワンピース

着丈…98cm

材料
羽織…1枚
接着芯…90cm幅×40cm（見返し、ファスナー止まり）　伸び止めテープ…1cm幅×1.8m（衿ぐり、ファスナー止まり、袖ぐり、前肩）　スプリングホック…1セット　コンシールファスナー…56cm×1本

作り方
縫う前の注意◆作品は布の取り都合のため、前中央布・ハイウエストではぎを入れています。はがずにも作れるので、デザインはお好みでどうぞ。

1　後ろ中心を縫う
2　ファスナーをつける
3　前身頃と前脇布を縫う
4　後ろ身頃と後ろ脇布を縫う
◆**3**、**4**それぞれにマチをつける。マチのぬいしろは片倒しにする（Ⓐ）。
5　肩を縫う
6　見返しを作る
7　身頃に見返しをつける
◆身頃を表に返し、仕上がりに整える。
◆衿ぐりと袖ぐりに、内コバステッチをかける。
◆内コバステッチ（裏コバステッチともいう）とは、ぬいしろを見返し側に片倒しにして、見返し端にステッチをかけること。仕上がりがきれいになる（Ⓑ）。
8　脇を縫う
9　裾を始末する
◆裾は2.5cm折り返し、まつる。

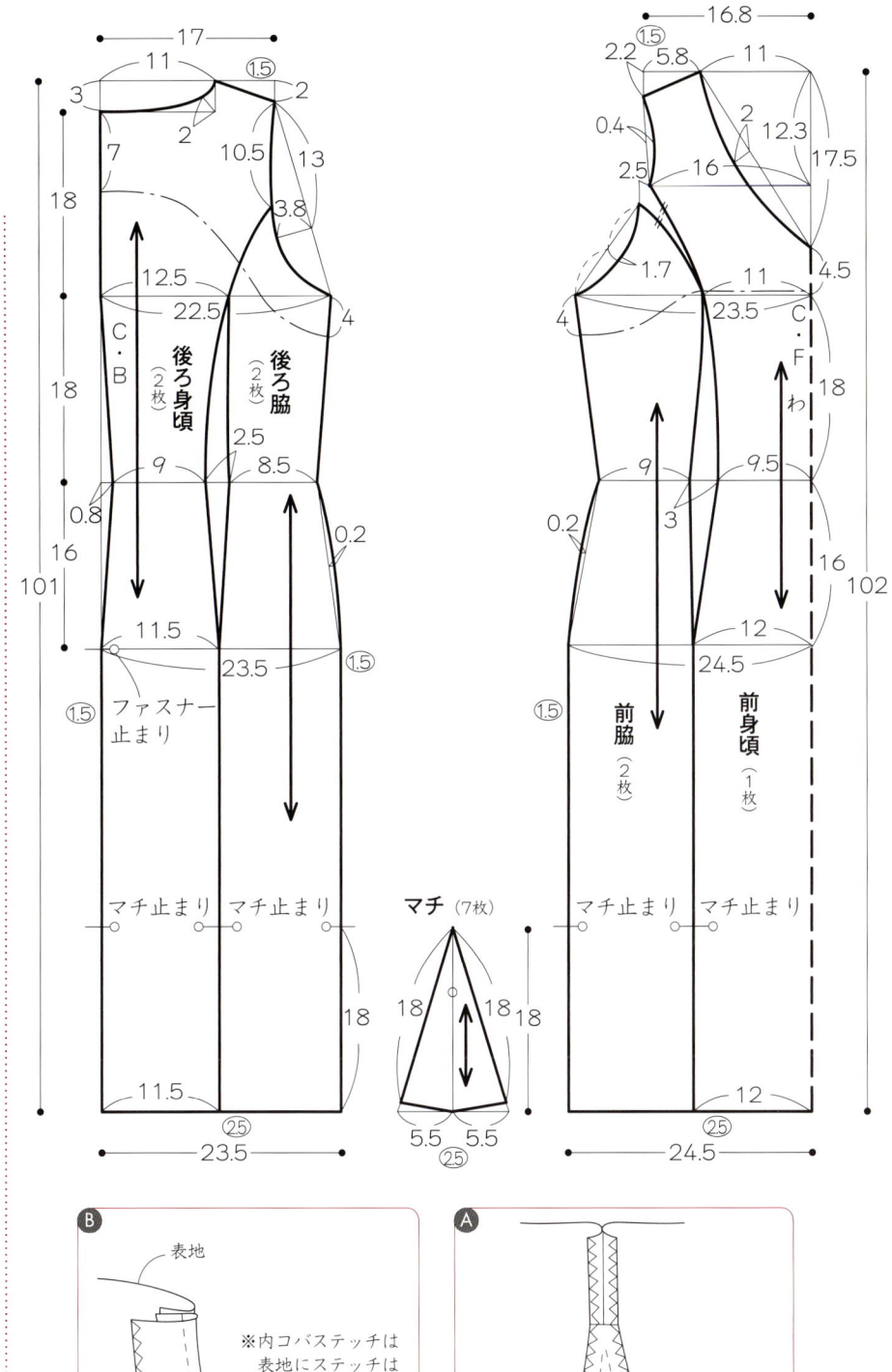

※製図上の○囲み数字は、ぬいしろです。指定以外はすべて1cm。

30ページ チュニックワンピース

着丈…86cm

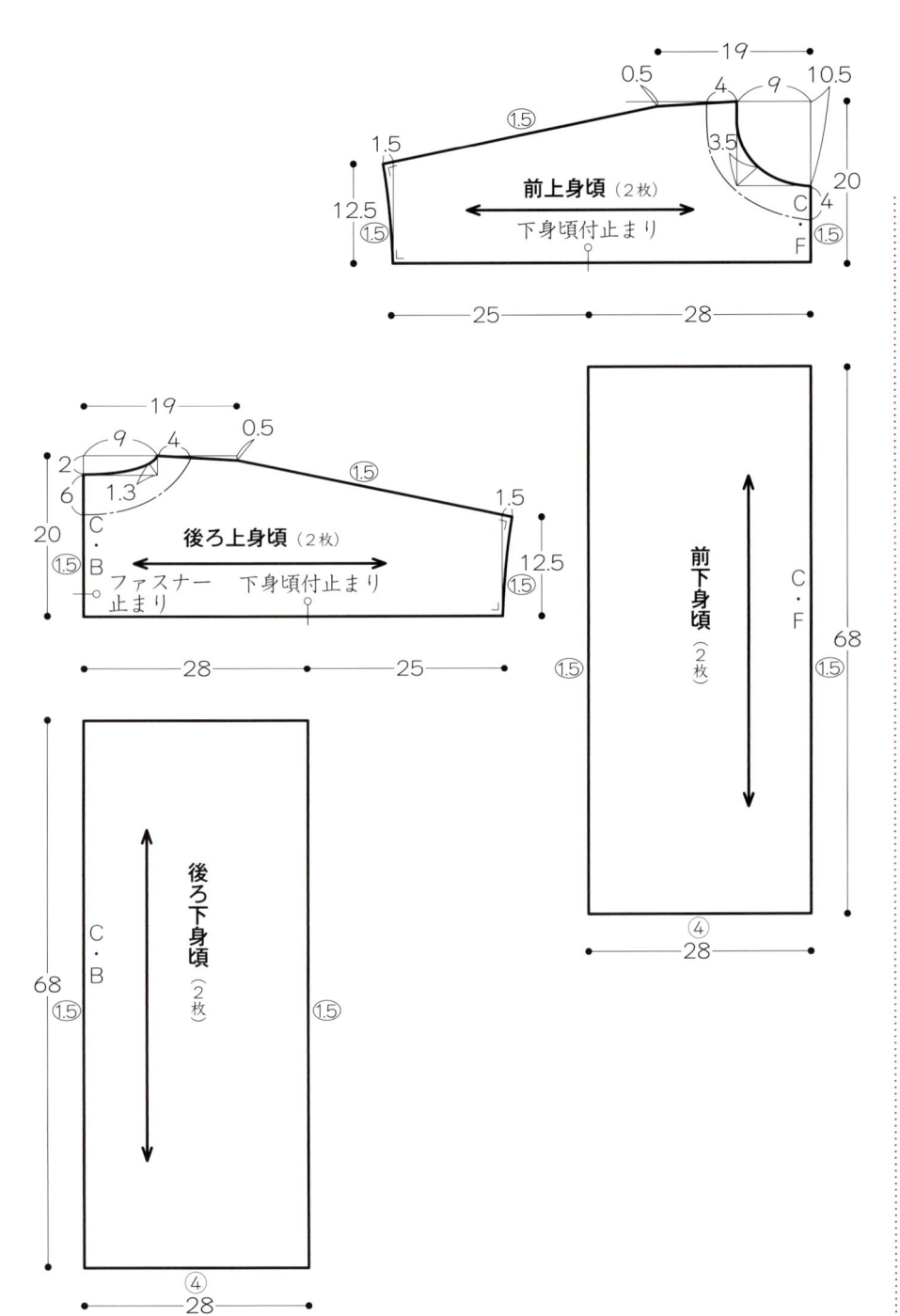

材料
きもの…3/4枚
接着芯…90cm幅×20cm（前、後ろ見返し）
伸び止めテープ…1cm幅×40cm（衿ぐり、ファスナー止まり）
スプリングホック…1セット
コンシールファスナー…22cm×1本

作り方
1. 前上身頃の前中心を縫う
2. 前下身頃の前中心を縫う
3. 前、後ろとも上身頃と下身頃を縫い合わせる
4. 後ろ中心を縫う
5. ファスナーをつける
6. 袖下線を縫う
7. 脇を縫う

◆袖下は上がり止まりまで縫い、四つ止めを入れる。

8. 肩線を縫う
9. 見返しを作る
10. 上身頃に見返しをつける
11. 袖口を始末する
12. 裾の始末をする

※作品の前下身頃は、柄合わせのため、はぎ合わせの位置が少々異なっています。

※製図上の○囲み数字は、ぬいしろです。指定以外はすべて1cm。

衿ギャザーワンピース

31ページ
着丈…93cm

材料
- きもの…1／2枚
- 綿ブロード…90cm幅×50cm（見返し分）
- 伸び止めテープ…1cm幅×1m（袖ぐり、ファスナー止まり）
- 平ゴム…0.8cm幅×46cm
- スプリングホック…1セット
- コンシールファスナー…56cm×1本

作り方

縫う前の注意◆コシのある素材の場合は、衿にギャザーをよせるので、見返しには芯を貼らない。

1. 前身頃、後ろ身頃のダーツを縫う
2. 後ろ中心を縫う
3. ファスナーをつける
4. 前中心を縫う
5. 肩線を縫う
6. 見返しを作る
7. 身頃に見返しをつける

◆衿ぐり・袖ぐりに内コバステッチをかける。

8. 脇を縫う

◆見返しから続けて脇を縫う。
◆身頃を表に返し、仕上がりに整える。

9. 衿ぐりに1.2cm幅でステッチをかける

◆ゴムを通すので見返し貫通でステッチをかける。

10. 衿ぐりにゴムを通す（A）

◆衿ぐりのステッチの間にゴムを通す。

11. 後ろ中心のスリットを縫う

◆ステッチをかける（B）。

12. 裾の始末をする

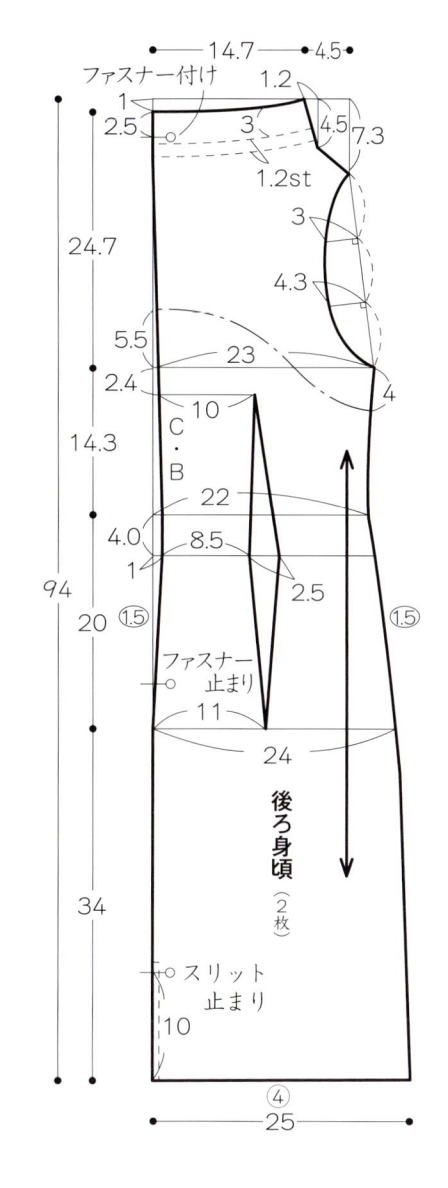

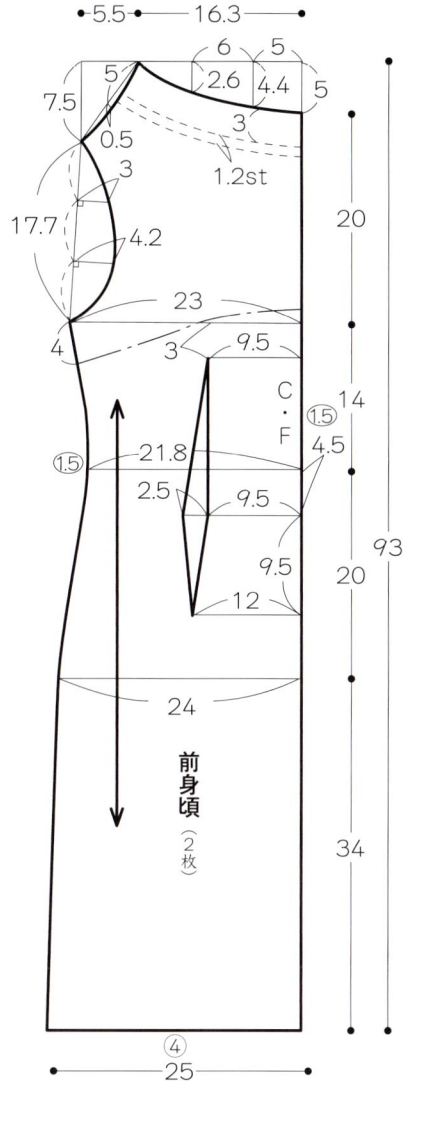

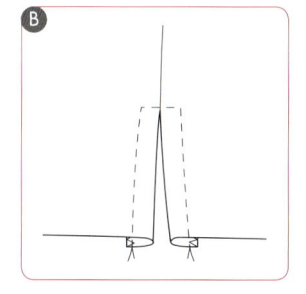

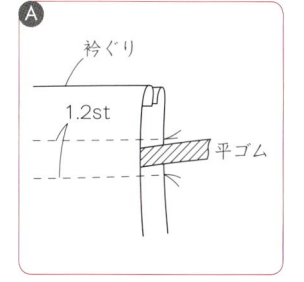

※製図上の○囲み数字は、ぬいしろです。指定以外はすべて1cm。

32ページ コクーンワンピース（無地）（柄）

着丈…86cm

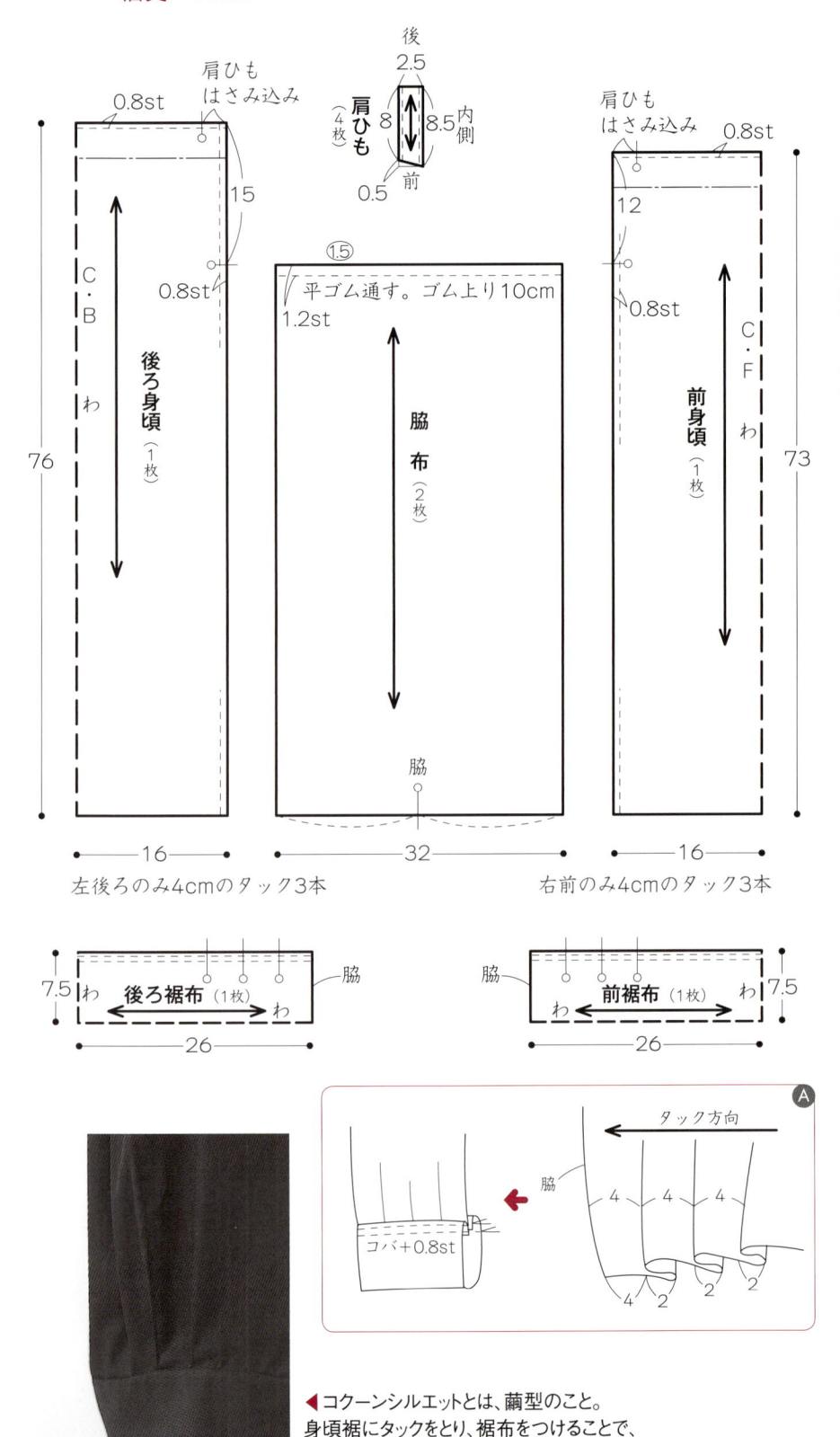

材料
- きもの…1／2枚
- 接着芯…90cm幅×30cm（見返し、肩ひも全面）
- 平ゴム…0.8cm幅×24cm

作り方

1. 肩ひもを作る
2. 前、後ろ身頃の上部に見返しをつける
◆肩ひもをはさみ込んで縫う。
3. 脇布の上端にステッチをかける
◆できあがりに折り、端から1.2cmのところにステッチをかける。
4. ゴムを通す
◆3にゴムを通す。端は縫い止める。
5. 脇布と、身頃を縫う
◆身頃側にぬいしろを倒し、0.8cm幅のステッチをかける。
6. 袖ぐりになる部分を縫う
◆袖ぐりのぬいしろは二つ折りにし、ステッチをかける。
7. 前、後ろ身頃の裾にタックをとる（Ⓐ右）
8. 裾布をつける
◆タックをたたみ、裾布をつけ、ステッチをかける（Ⓐ左）。

◀コクーンシルエットとは、繭型のこと。身頃裾にタックをとり、裾布をつけることで、ふんわりと丸みのある、おしゃれなシルエットが完成。

※製図上の○囲み数字は、ぬいしろです。指定以外はすべて1cm。

バッククロスロングワンピース 着丈…116cm
バッククロスチュニック 着丈…86cm

33・37ページ

材料
- きもの…1枚分（ロング）、1/2枚分（チュニック）
- 接着芯…90cm幅×35cm（前衿ぐり見返し、肩ひも）
- 伸び止めテープ…1cm幅×50cm（前衿ぐり）

作り方
縫う前の準備◆共布パイピング見返し布を用意する（2.5cm幅×後ろ身頃上端分）。

1. 前中心を縫う
2. 後ろ身頃にマチをつける
3. 脇を縫う
4. 肩ひもを作る
5. 前衿ぐり、袖ぐりを縫う

◆見返しと合わせ縫う。このとき、肩ひもを前肩にはさみ込んで縫う。

6. 後ろ身頃の上端部分ぬいしろの始末をする

◆共布パイピング布を、後ろ身頃上端と、中表に縫う。そのときに、肩ひもを一緒にはさみ込む（A）。

7. 共布パイピング布で細くカットしたぬいしろをくるみ、0.8cm幅のステッチをする
8. くるみ布を作る

◆上下をできあがりに折り、端から0.7cmのところにステッチをかける。

9. くるみ布をつける（B）

◆後ろ身頃の肩ひも2本をくるむように縫い止める。

10. 裾の始末をする

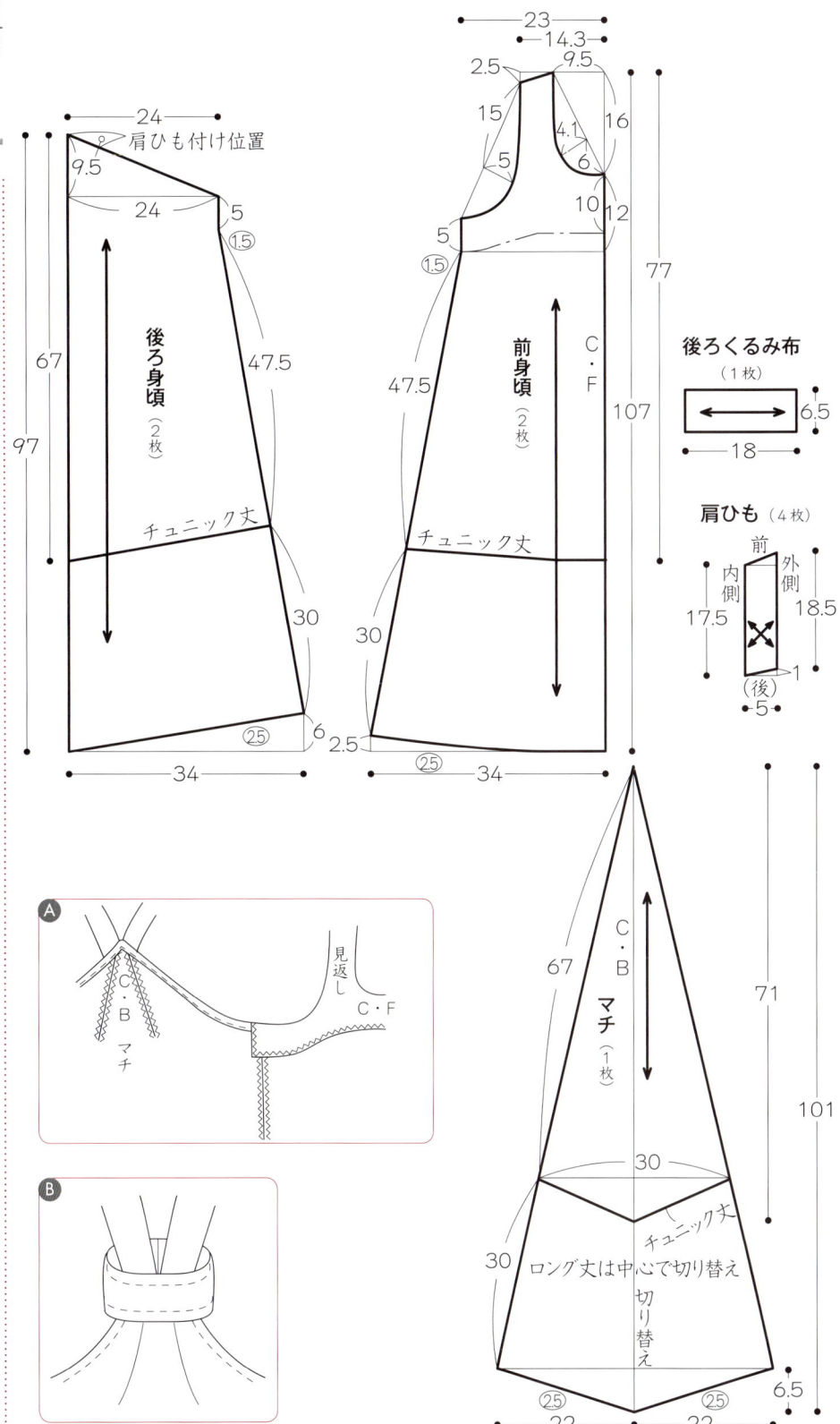

※製図上の○囲み数字は、ぬいしろです。指定以外はすべて1cm。

36ページ 開衿チュニック

着丈…85.5cm　袖丈…38cm

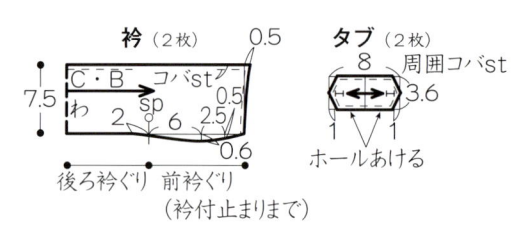

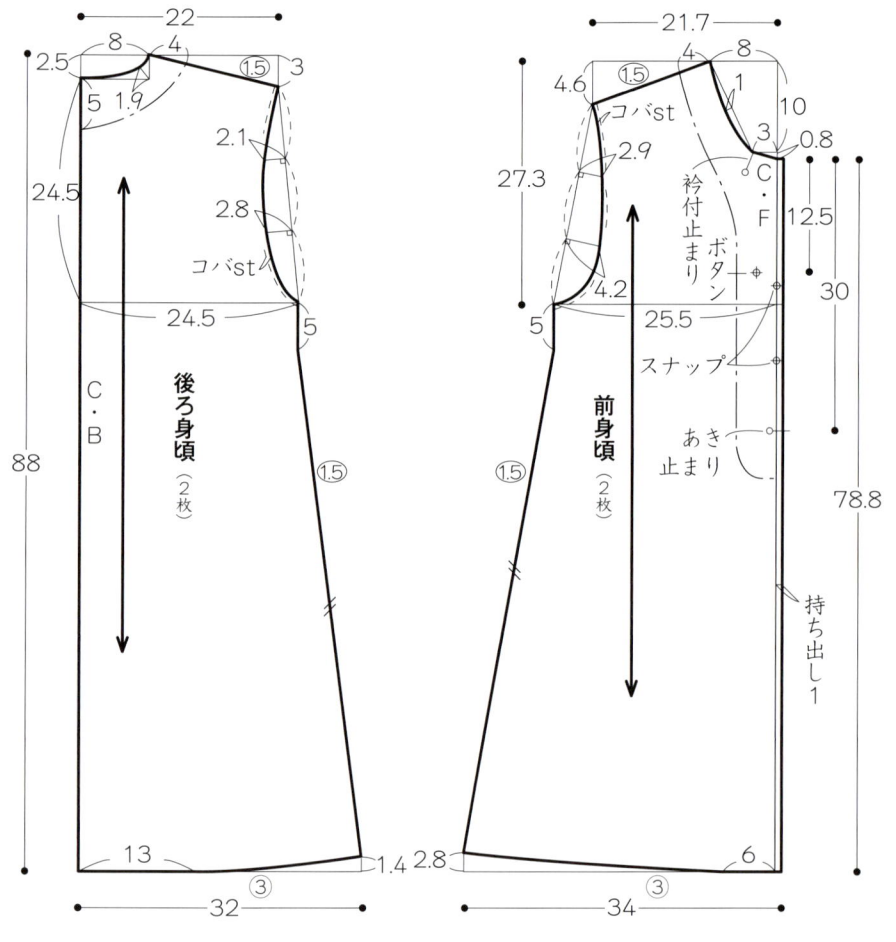

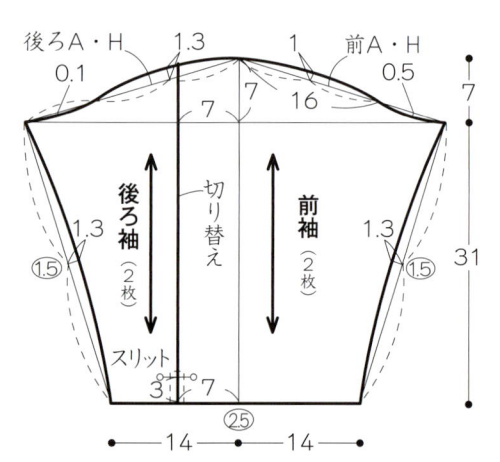

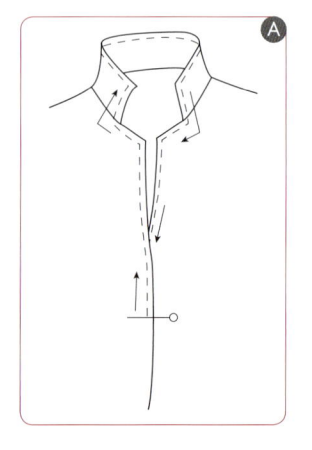

衿（2枚）／タブ（2枚）
後ろ衿ぐり　前衿ぐり（衿付止まりまで）
ホールあける

材料
- きもの…3／4枚
- 接着芯…90cm幅×60cm（見返し、衿両面、タブ全面）
- 伸び止めテープ…1.5cm幅×30cm（前肩、袖口スリット）
- くるみボタン…直径1.2cm×2個
- スナップ…2セット

作り方
1. 身頃の前中心、後ろ中心を縫う
◆前身頃は、あき止まりまで縫う。
◆左前身頃は持ち出し分1cm控える。
2. 肩を縫う
3. 衿を縫う
4. 見返しを作る
5. 身頃に見返しと衿をつける
◆衿は身頃と見返しにはさんで縫う。
6. ステッチをかける
◆身頃の前あきから衿端、反対側の前あきまで続けてステッチをかける（A）。
7. 袖の切り替えを縫う
8. 袖をつける
◆ぬいしろは身頃側へ倒し、コバステッチをかける。
9. 袖下から脇を縫う
10. 袖口を始末する
◆袖口のスリットには、ステッチをかける。
11. タブを縫う
◆縫ったら表に返し、周りにコバステッチをかける。
◆ボタンホールを2つあける。
12. 裾を始末する
13. ボタンをつける
14. スナップをつける
15. タブをボタンにつける

※製図上の○囲み数字は、ぬいしろです。指定以外はすべて1cm。

スタンドカラーチュニック

37ページ

着丈…90cm

材料
きもの…3/4枚
シフォン…112cm幅×2m
接着芯…90cm幅×1m（見返し・衿）
くるみボタン…直径1.2cm×8個
◆シフォン布は、身頃のパターンを突き合わせてとる。

作り方
1 前身頃と前脇布を縫う
◆前脇布のダーツ分はたたんだ状態で裁断する。
2 後ろ身頃と後ろ脇布を縫う
3 後ろ中心を縫う
4 脇を縫う
5 シフォン布を縫う
◆シフォンは表布の型紙を突き合わせてとる（右図）。脇のみを縫う。
6 肩を縫う
◆肩を縫うときに、シフォンの肩部分をはさみ込んで縫う（A）。
7 衿を作る
◆表衿に、ギャザーをよせたシフォン衿を重ね、裏衿と中表にして縫う。
8 見返しと衿をつける
◆衿は、身頃と見返しではさんで縫う。
9 袖ぐりの始末をする
◆袖ぐりは、身頃とシフォンを一緒にパイピング布でつつみ、落としミシンをかける（B）。
10 裾の始末をする
11 ボタンをつける
◆ボタンホールとボタンつけはシフォンをよける（C）。

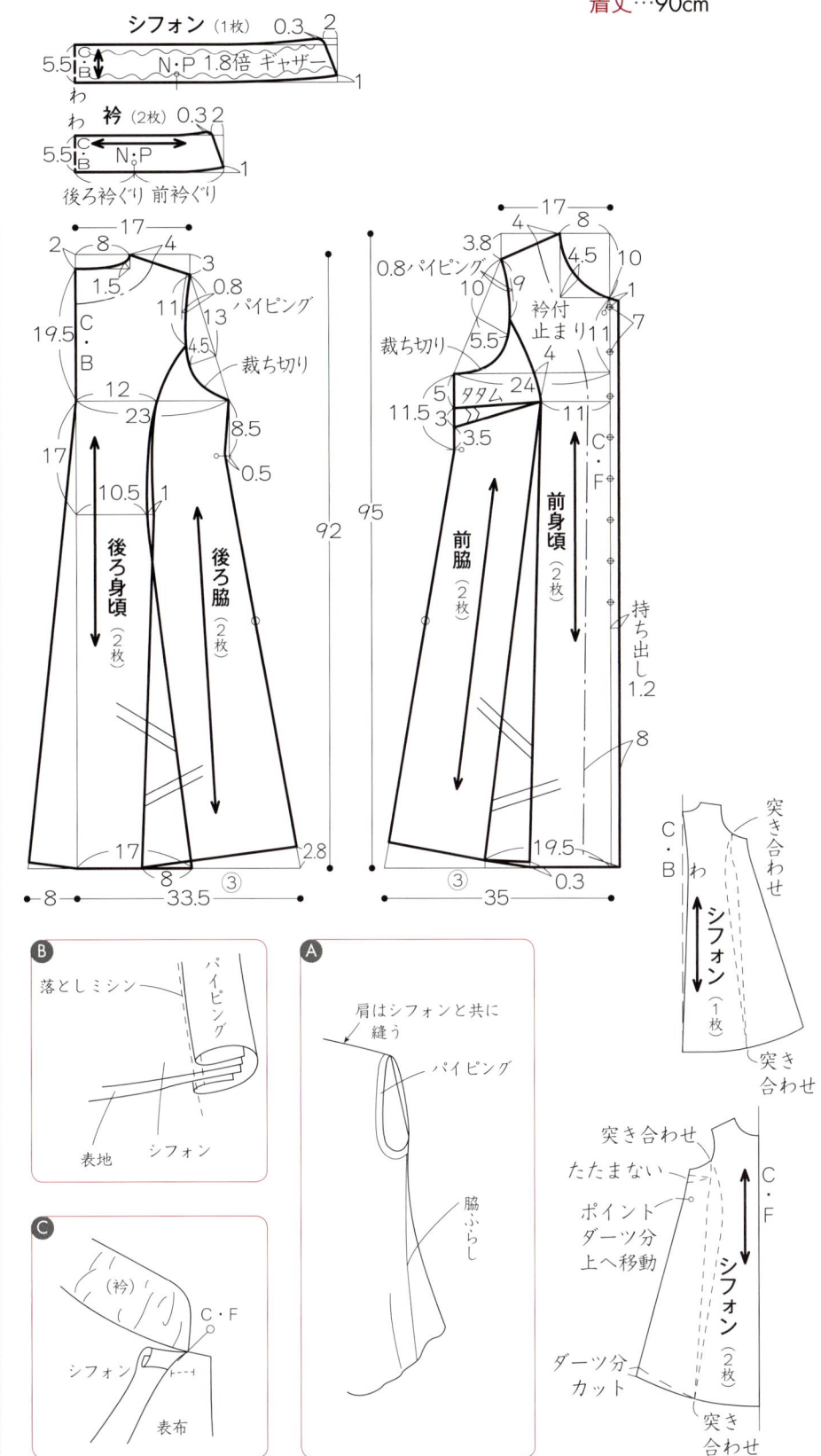

※製図上の○囲み数字は、ぬいしろです。指定以外はすべて1cm。

38ページ スキッパーチュニック

着丈…82cm

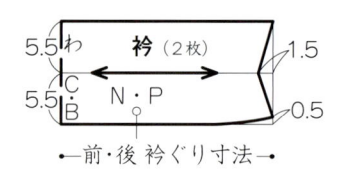

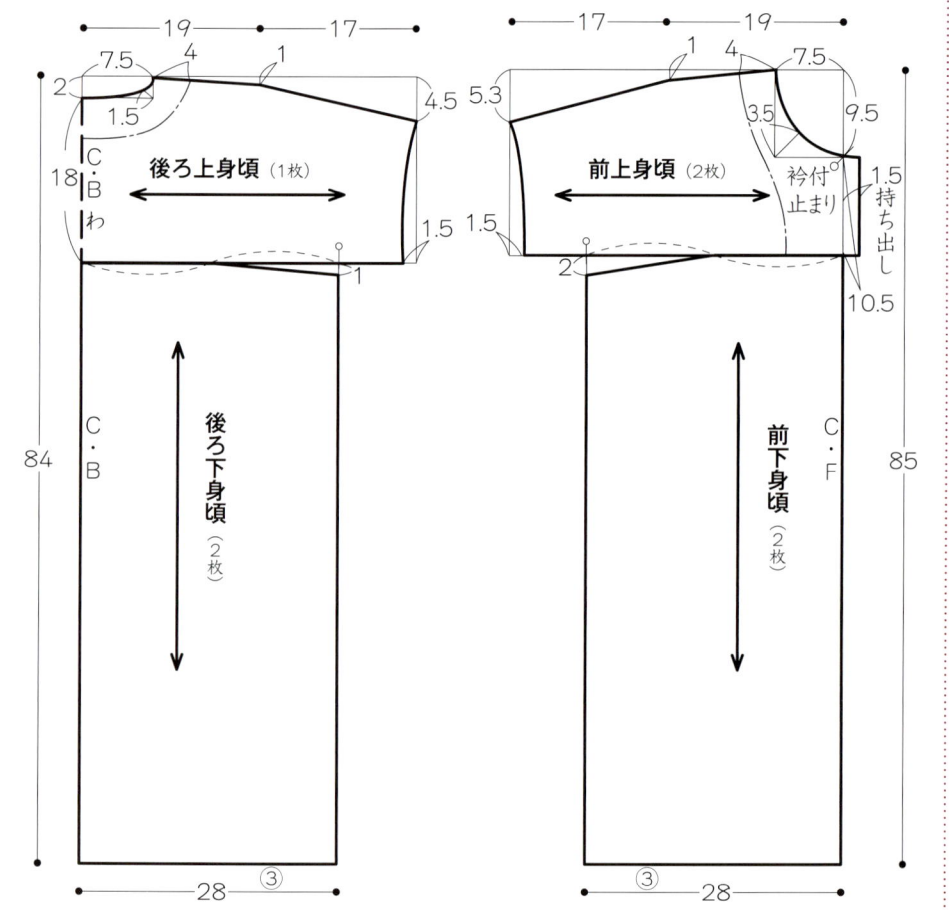

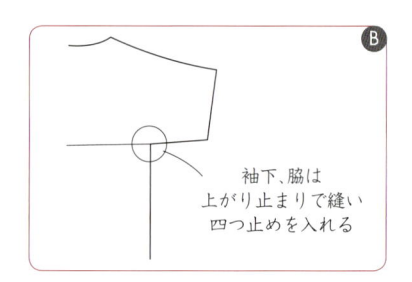

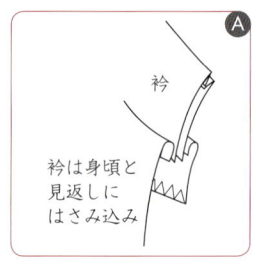

材料
長襦袢…1枚
接着芯…90cm幅×50cm（見返し、衿両面）

作り方
1. 上身頃の肩線を縫う
2. 見返しを作る
3. 衿を作り、身頃と見返しではさみ込む（A）
4. 下身頃の前中心、後ろ中心を縫う
5. 前、後ろとも上身頃と下身頃を縫い合わせる
6. 袖下線を縫う

◆袖は上がり止まりまで縫い、四つ止めを入れる（B）。

7. 脇を縫う
8. 袖口を始末する
9. 裾の始末をする

※製図上の○囲み数字は、ぬいしろです。指定以外はすべて1cm。

フラットチュニック

39ページ

着丈…90cm

材料
羽織の羽裏…2種類(1枚、別布1/4枚)
接着芯…90cm幅×5cm(中央別布の裁ち出し見返し)
伸び止めテープ…1cm幅×80cm(衿ぐり、ひも出し口)

作り方
1. 後ろ中心を縫う
2. 脇別布の裾を中縫いにして表に返し、折り山で折る
3. 前中心を縫い中央別布をはぐ
◆ぬいしろは、2枚一緒にロックミシンをかける(Ⓐ)。
4. 肩を縫い、割る
◆衿ぐりあき止まりから布端まで。
5. 身頃と脇別布を縫う(Ⓑ)
◆身頃の裾は始末しておく。
6. 脇を縫う
◆前身頃、後ろ身頃を外表に合わせ、切り替え線の位置をあき止まりまで縫う。
7. ひも出し口のホールを作る
◆前・後ろ身頃を重ねた状態でホールを作る。
8. 別布ベルトを作る

※両サイドの別布は長いので適当な箇所ではいでください。

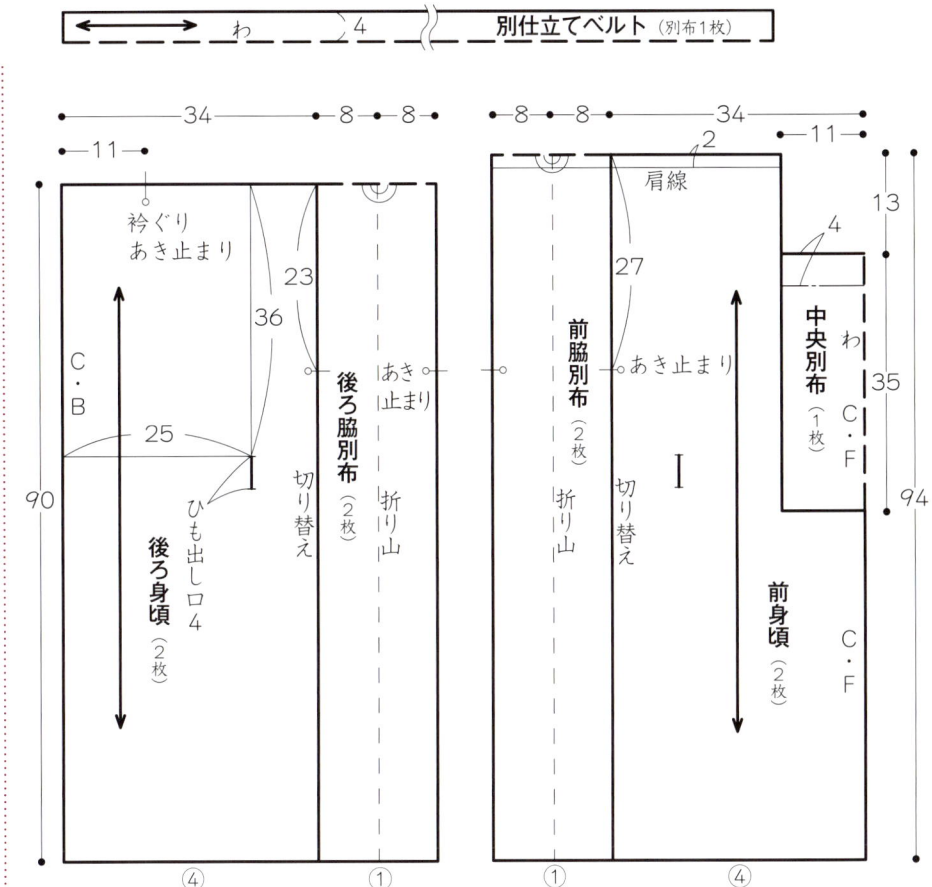

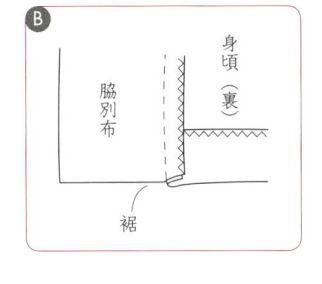

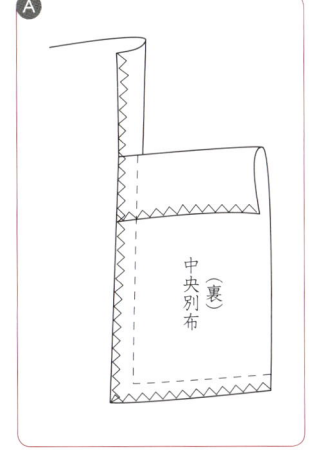

※製図上の○囲み数字は、ぬいしろです。指定以外はすべて1cm。

42ページ Vネックブラウス

着丈…68cm　袖丈…38cm

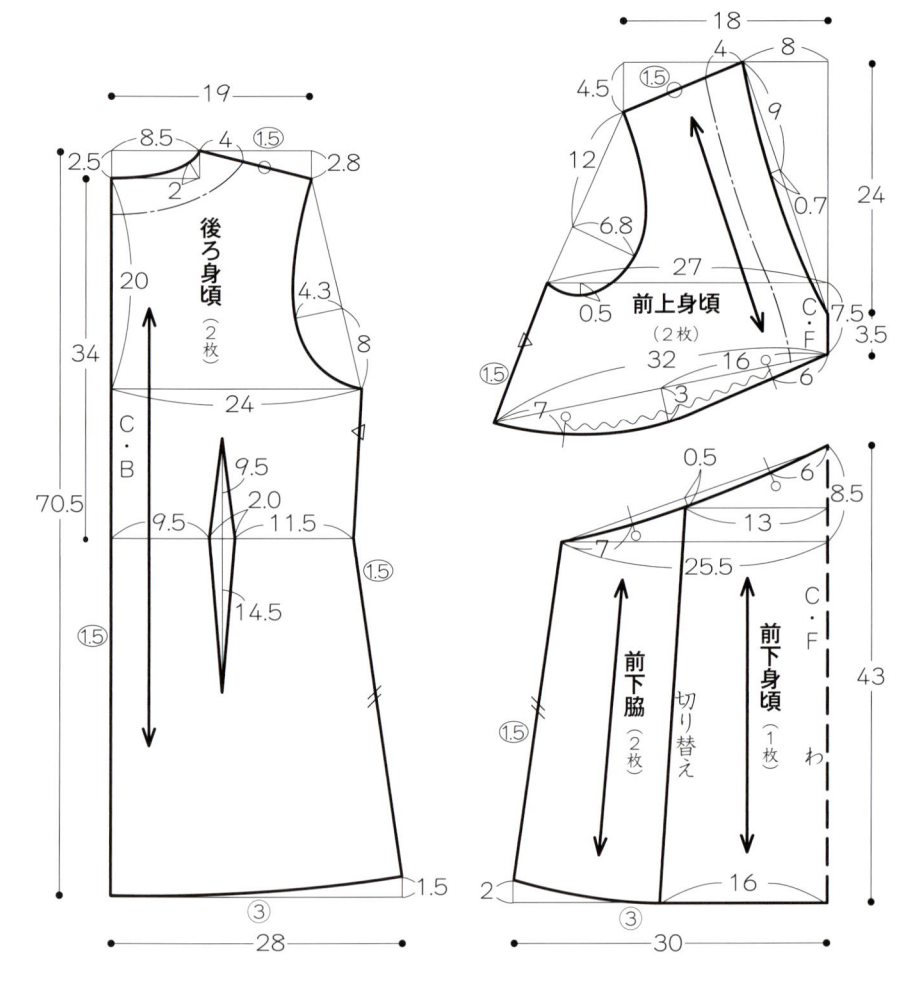

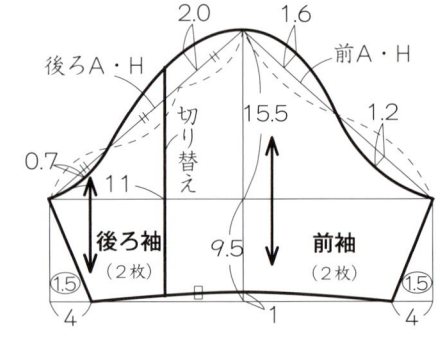

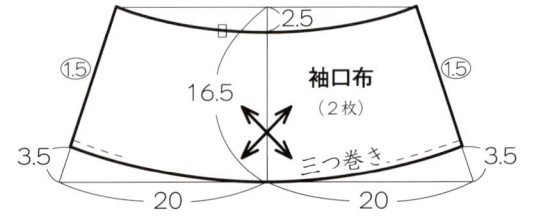

材料
- きもの…3/4枚程度
- 接着芯…90cm幅×30cm（前後見返し）
- 伸び止めテープ…1cm幅×80cm（衿ぐり、前肩）
- 平ゴム…0.6cm幅×40cm

作り方
1. 前下身頃と、前下脇布を縫う
2. 前上身頃の前中心を縫う
3. 前上身頃にギャザーをよせる
4. 上身頃と下身頃を縫う

◆縫い合わせたら、ぬいしろを下に倒す。
◆下に倒したぬいしろに平ゴムを伸ばしながらつける。右脇から左脇まで。

5. 後ろ身頃のダーツを縫う
6. 後ろ中心を縫う
7. 肩を縫う
8. 脇を縫う
9. 見返しを作り、身頃につける

◆衿ぐりには、内コバステッチをかける。内コバステッチとは、ぬいしろを見返し側に片倒しにして、見返し端にステッチをかけること。仕上がりがきれいになる。

10. 袖を縫う

◆前袖、後ろ袖の切り替えを縫う。
◆袖口布をつける。

11. 袖下を縫い、筒状にする
12. 袖をつける
13. 袖口の始末をする

◆袖口は三つ巻き縫いをする。

14. 裾の始末をする

※製図上の○囲み数字は、ぬいしろです。指定以外はすべて1cm。

きものスリーブブラウス

43ページ

着丈…70cm　袖丈…49cm

材料
- 羽裏…1枚
- 肌襦袢（夏物）…1/2枚
- 伸び止めテープ…1cm幅×1.2m（衿ぐり、前肩）

作り方
1. 前中心を縫い、タックをとっておく（A）
2. 前身頃と別布を縫う
   - ◆別布を前身頃のU部分と縫い合わせる。
   - ◆ぬいしろは3枚（U部分が二重になっているので）一緒にロックをかける。前衿ぐり～後ろ衿ぐりまで。
3. 肩を縫う
4. 後ろ身頃のダーツを縫う
5. 後ろ中心を縫う
6. 脇を縫う
7. 裾の始末をする
8. 袖を作る
   - ◆切り替えを縫う。
   - ◆袖下を縫い、ぬいしろを割る。
   - ◆袖口と袖下をステッチで仕上げる。
9. 袖をつける
10. 衿ぐりの始末をする
    - ◆二つ折りにし、ステッチまたはまつる。

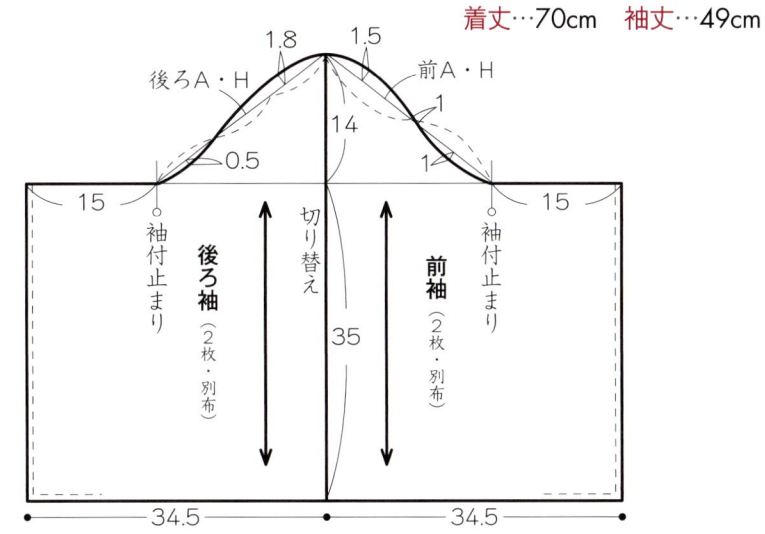

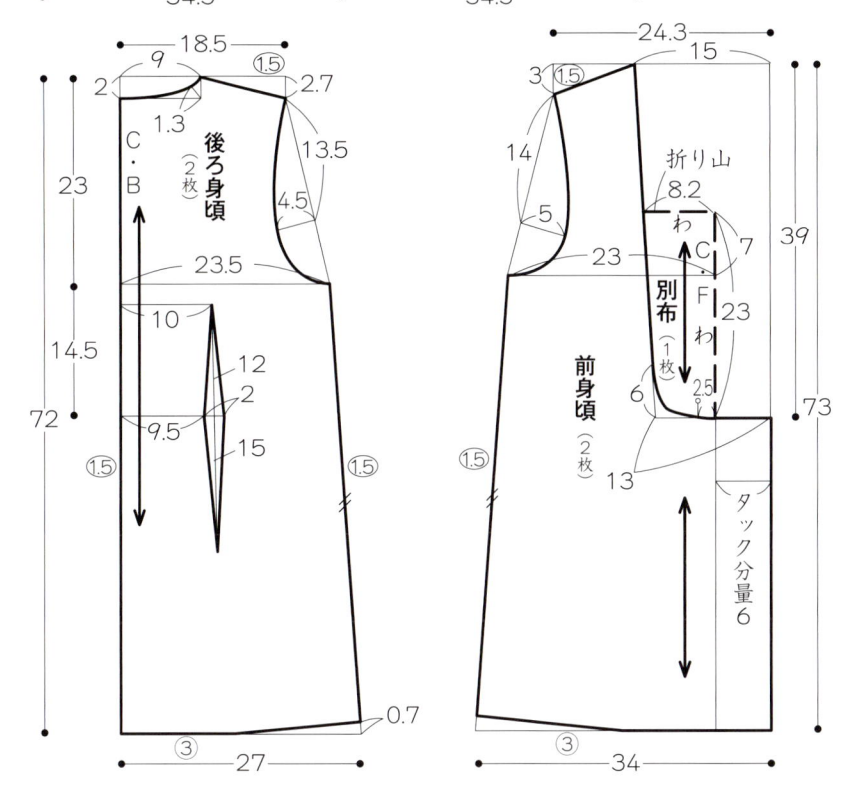

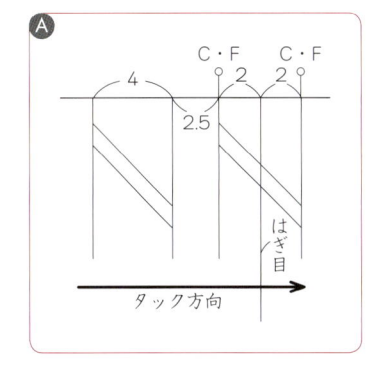

※製図上の○囲み数字は、ぬいしろです。指定以外はすべて1cm。

43ページ パフスリーブブラウス

着丈…56cm

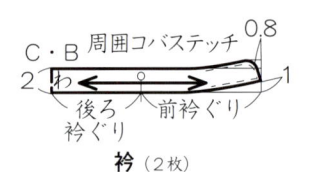

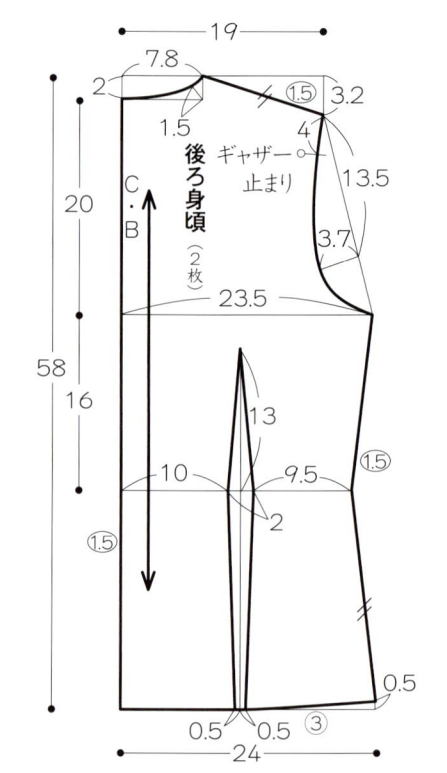

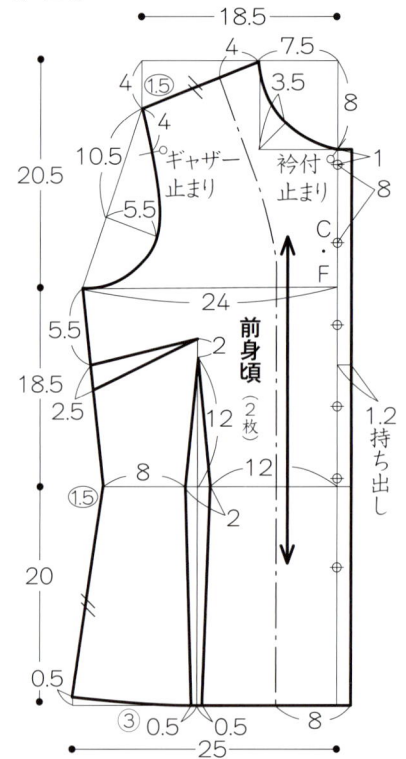

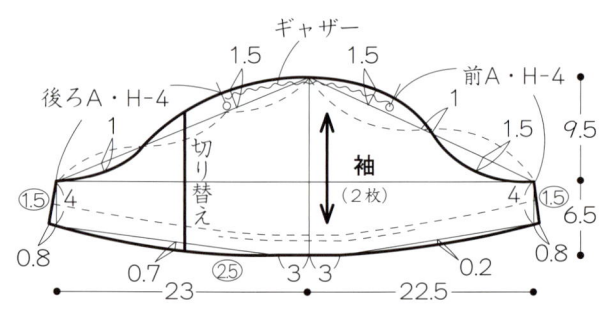

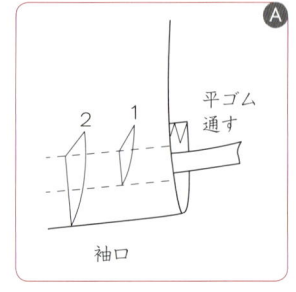

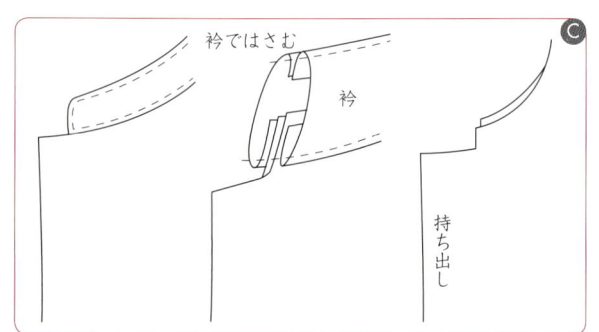

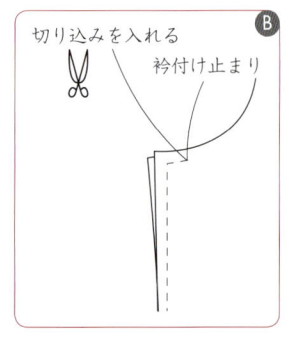

衿（2枚）

後ろ身頃（2枚）
前身頃（2枚）
袖（2枚）

材料
- きもの…1/2枚
- 接着芯…90cm幅×60cm（前見返し、衿）
- 伸び止めテープ…1.5cm幅×30cm（前肩、前端）
- ボタン…直径1.2cm×6個
- 平ゴム…0.8cm幅×24cmを2本

作り方
1. 衿を縫う
2. 袖下を縫い、袖口を作りゴムを通す（A）
3. 前身頃のダーツを縫う
4. 後ろ身頃のダーツを縫う
5. 後ろ中心を縫う
6. 肩を縫う
7. 脇を縫う
8. 前身頃に見返しをつける

◆衿付け止まりに切り込みを入れてから表に返す（B）。

9. 衿をつける

◆衿で身頃と見返しをはさむ。
◆衿の周りにコバステッチをかける（C）。

10. 袖山にギャザーをよせる
11. 袖をつける
12. 裾の始末をする
13. ボタンホールをあける
14. ボタンをつける

※製図上の○囲み数字は、ぬいしろです。指定以外はすべて1cm。

ガウチョパンツ

50ページ

股下…45cm

【材料】
- きもの…1/2枚
- 接着芯…90cm幅×30cm（ウエストヨーク両面、ベルト通し全面、土台布、見返し）
- 伸び止めテープ…1.5cm幅×25cm（ファスナー位置）
- ファスナー…10cm×1本
- ボタン…直径1.4cm×3個

【作り方】
1. 脇と股下を縫う
◆ぬいしろは、縫い割る。
2. 股ぐりを縫う（ファスナー止まりまで）
◆前後の股ぐりを縫い合わせる。2度縫いをする。
3. 土台布にファスナーをつける
4. 3を左前に中表に縫う
◆縫ったら表に返し、表生地の端にコバステッチをかける。
5. 右前パンツに見返しをつけ、ステッチをかける
6. ベルト通しを作り、パンツに仮止めする（A）
7. ヨークを作り、つける
◆表ヨークの脇を縫う。
◆パンツと縫い合わせる。
◆ベルト通しの上、共布ループを仮止めする（A）。
8. ヨークとヨーク見返しを中表に合わせて縫う（B）
9. ヨークを表に返す
◆上端のぬいしろを整理してから返す。
◆ヨーク下端を始末する。
10. 裾を始末する
11. リボンベルトを作る

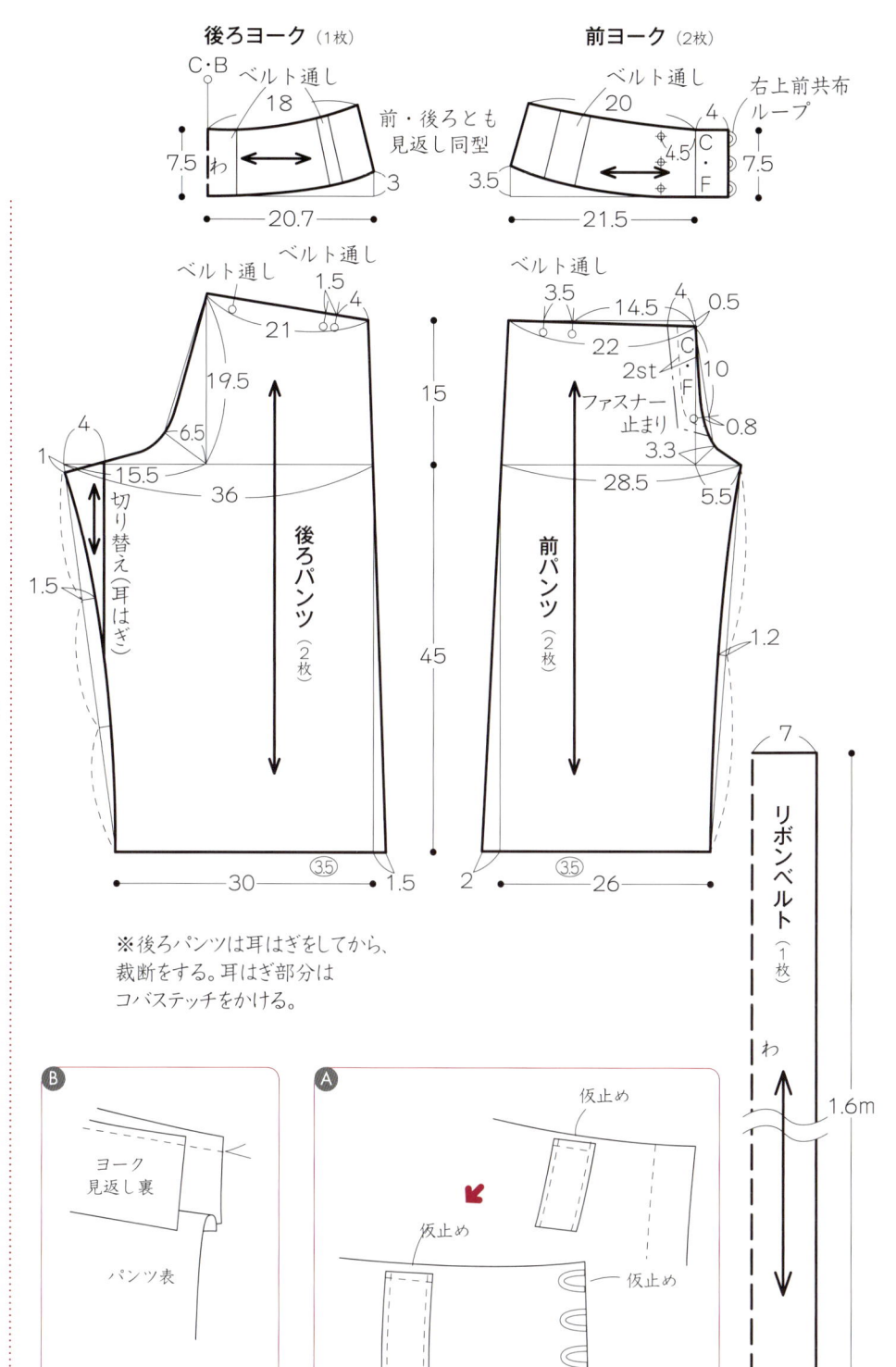

後ろヨーク（1枚）／前ヨーク（2枚）

前・後ろとも見返し同型

右上前共布ループ

後ろパンツ（2枚）／前パンツ（2枚）

切り替え（耳はぎ）

ファスナー止まり

リボンベルト（1枚）

※後ろパンツは耳はぎをしてから、裁断をする。耳はぎ部分はコバステッチをかける。

B ヨーク見返し裏／パンツ表

A 仮止め

※製図上の○囲み数字は、ぬいしろです。指定以外はすべて1cm。

50ページ セミワイドパンツ
股下…72cm

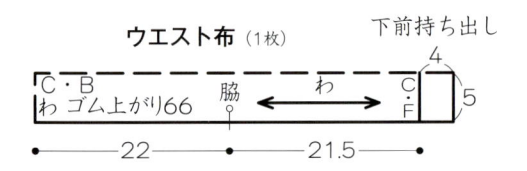

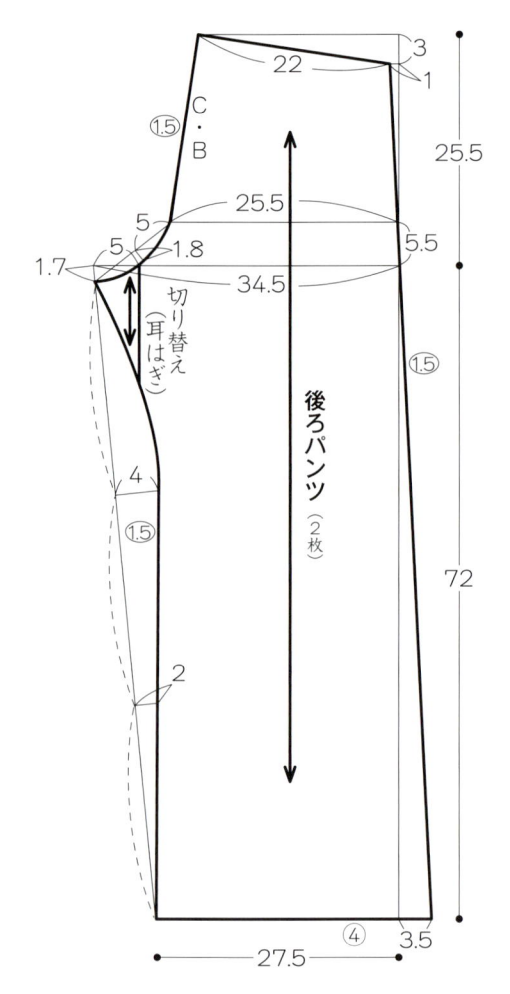

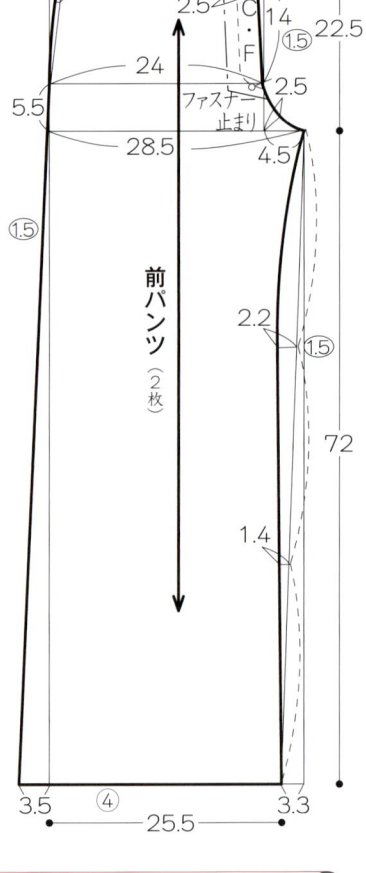

ウエスト布（1枚）／下前持ち出し

C・B わ ゴム上がり66	脇	わ	C・F
22		21.5	4／5

後ろパンツ（2枚）
- 上部：22、3、1
- ⒈5（C・B わ）
- 25.5
- 5、1.8、5.5
- 1.7、34.5
- 切り替え（耳はぎ）
- 4、1.5
- 2
- 72
- ④、27.5、3.5
- 25.5（丈）

※後ろパンツは耳はぎをしてから、裁断をする。耳はぎ部分はコバステッチをかける。

前パンツ（2枚）
- 21.5、3、8、1、4、0.5
- 2.5、C・F、⒈5、14
- 0.2、22.5
- 24、ファスナー止まり
- 5.5、28.5、2.5、4.5
- ⒈5
- 2.2、⒈5
- 1.4
- 72
- 3.5、④、25.5、3.3

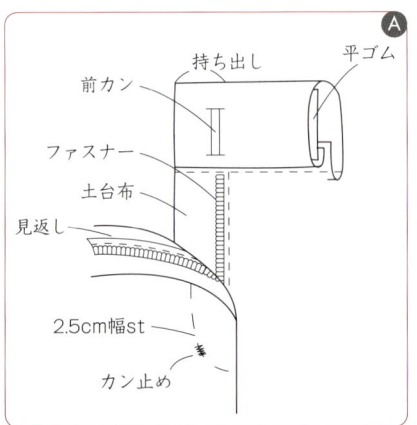

材料
- 羽織…1枚
- 接着芯…90cm幅×20cm（前見返し、土台布）
- 前カン…1セット
- エフロンファスナー…18cm×1本
- 平ゴム…5cm幅×70cm

作り方
1. 脇、股下を縫う
2. 股ぐりを縫う
◆筒状になった左右の股上を中表に合わせ、後ろ股上からファスナー止まりまでを縫う。
◆股ぐりは2度縫いする（丈夫になる）。
3. 土台布にファスナーをつける
4. 3を左前に中表に縫う
◆縫ったら表に返し、表生地の端にコバステッチをかける。
5. 右前に見返しを中表に縫う
◆縫ったら見返しを裏に返し、表生地の端にステッチをかける。
6. 表側をできあがりにまち針で固定する
7. 見返しにファスナーをつける
8. 表に返し、2.5cm幅でステッチをかける（A）
◆見返しが裏で浮かないようにするためのステッチ。土台布を縫わないように注意すること（カン止めを入れる）。
9. ウエストベルトを作る
◆平ゴムをウエスト布につける。
◆パンツにウエスト布をつけ、ウエストの始末をする。
◆前カンをつけ位置につける。
10. 裾の始末をする

A
持ち出し／前カン／ファスナー／土台布／見返し／平ゴム／2.5cm幅st／カン止め

※製図上の○囲み数字は、ぬいしろです。指定以外はすべて1cm。

兵児帯パンツ&マーガレット

51ページ

ゆき丈…78cm(ボレロ)　股下…72cm

材料
三尺帯…1枚
裏地…92cm幅×1.9m
平ゴム…3cm幅×66cm

作り方

マーガレット
1　袖下を縫う（製図・点線部）
◆反幅を中表に半分に折り、縫う。
2　あまり分をまつりつける（A）
3　後ろ中心を縫う
◆後ろ中心は折り伏せ縫いする。

パンツ
1　脇、股下を縫う
2　股ぐりを縫う
◆筒状になった左右の股上を中表に合わせ、股ぐりを縫う。
◆股ぐりは2度縫いする（丈夫になる）。
3　裏地も同じように縫う
4　表地と裏地を縫い合わせる
◆ウエストゴムを通す見返しをできあがりに折り、裏地と縫い合わせる。
5　ゴム通し口をあけ、ステッチをかける
◆後ろ中心にゴム通し口をあける。
◆端から3.5cmのところにステッチをかける。
6　ゴムを通す（B）
7　裾の始末をする
◆表地はぬいしろをまつる。裏地はぬいしろを三つ折りにしてミシンをかける。

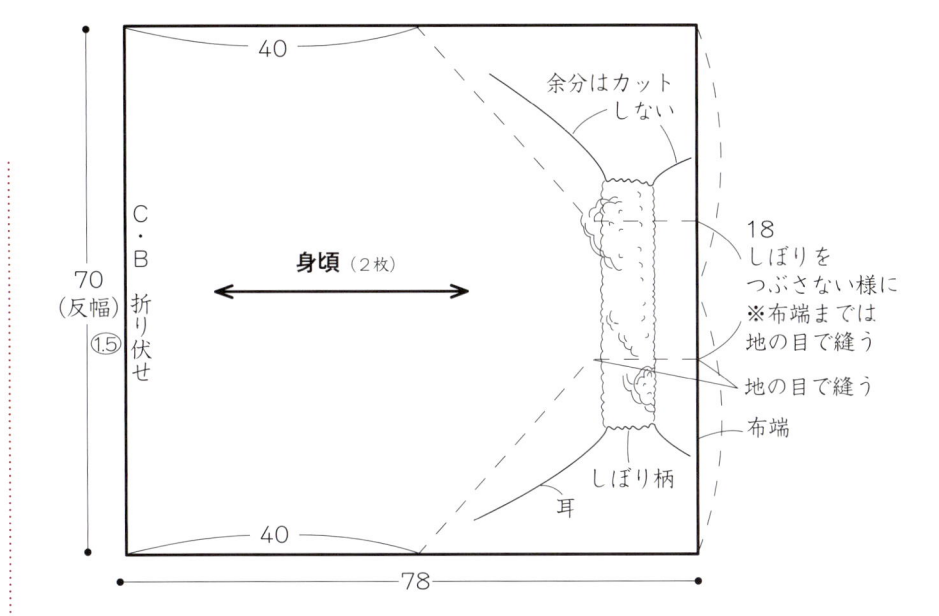

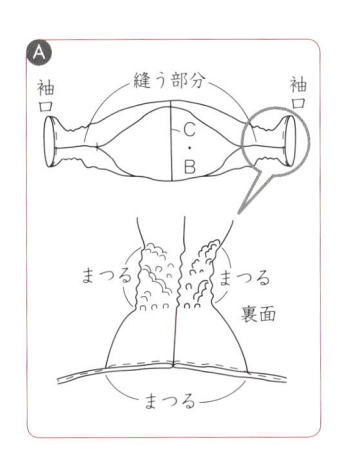

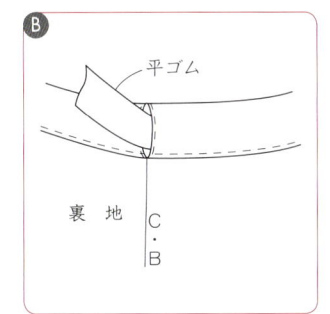

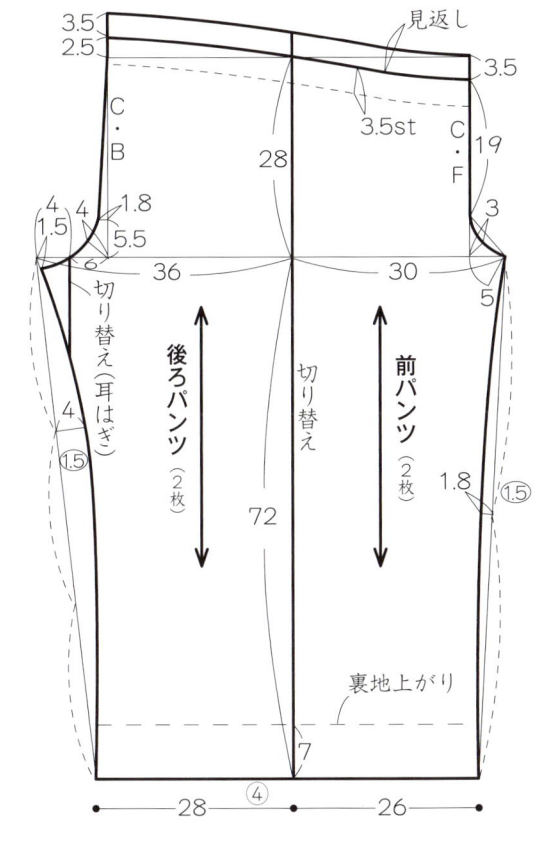

※後ろパンツは耳はぎをしてから、裁断をする。
耳はぎ部分はコバステッチをかける。

※製図上の○囲み数字は、ぬいしろです。指定以外はすべて1cm。

46ページ ロングベスト

着丈…98cm

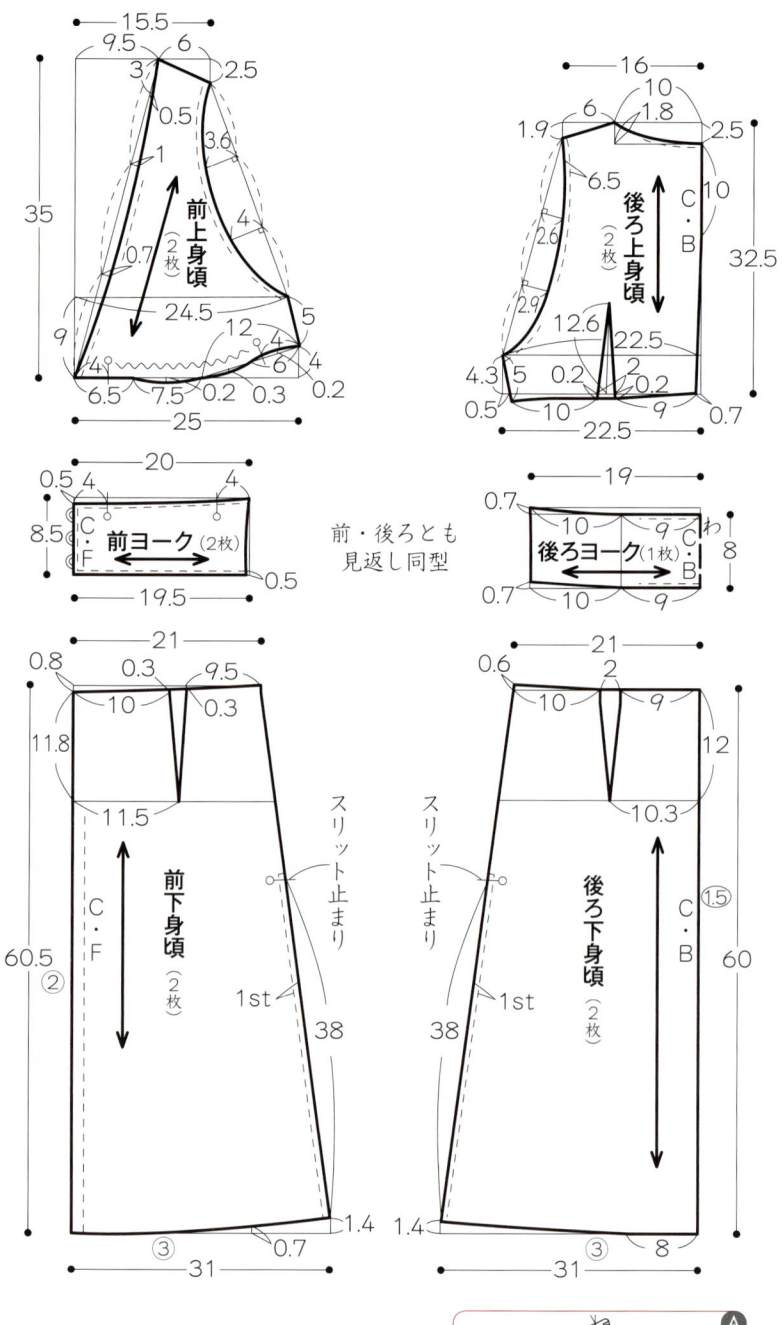

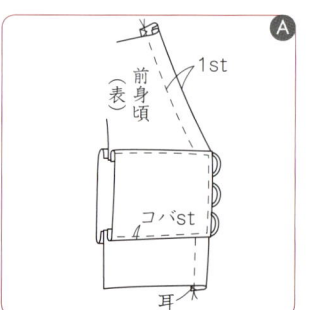

材料
夏帯…2種
接着芯…90cm幅×65cm（バイアス見返し、ウエストヨーク表面、下身頃前端）
伸び止めテープ…1.8cm幅×1.6m（衿ぐり、スリット位置、下身頃前端）
ボタン…直径1.5cm×3個

作り方

1　上身頃を作る
◆後ろ身頃のダーツを縫う。
◆後ろ中心を縫う。
◆前身頃のギャザーをよせる。
◆肩を縫う。
◆衿ぐりと袖ぐりをバイアス見返しで始末する。
◆脇を縫う。

2　下身頃を作る
◆前、後ろ身頃のダーツを縫う。
◆前端、後ろ中心を縫う。
◆脇を縫う。
◆スリットにステッチをかける。
◆裾の始末をする。

3　ヨーク前端に共布ループをつける

4　ヨークに上身頃をはさんで縫う
◆ヨークに上身頃を中表に合わせ、縫う。
◆表に返し、ヨーク上端にステッチをかける（A）。

5　ヨークに下身頃をはさんで縫う
◆ヨーク下端は、できあがりに折っておく。
◆ヨークに下身頃をはさみ、表側からステッチをかける。

※製図上の〇囲み数字は、ぬいしろです。指定以外はすべて1cm。

フレアロングベスト
47ページ
着丈…68cm

材料
きもの…1/2枚

作り方
1. 前身頃と前脇布を縫う
2. 後ろ身頃と後ろ脇布を縫う
3. 衿を作る
◆衿の周囲を三つ巻き縫いする。
4. 後ろ中心を縫う
◆マチをつけ、後ろ中心を縫う。
◆マチのぬいしろは2枚一緒にロックをかける。
5. 肩を縫う
6. 脇を縫う
7. 袖ぐりの始末をする
8. 裾の始末をする
9. 衿をつける
◆裾をあげてから衿をつける。折り伏せ縫いをする。
◆衿と前身頃を中表に合わせ、できあがり線を縫う。
◆衿のぬいしろで、身頃のぬいしろを包むようにし、アイロンをかける。
◆包んだぬいしろの端にミシンをかける。

※衿ぬいしろと、前身頃の端のぬいしろは幅がちがうので注意しましょう（A）。

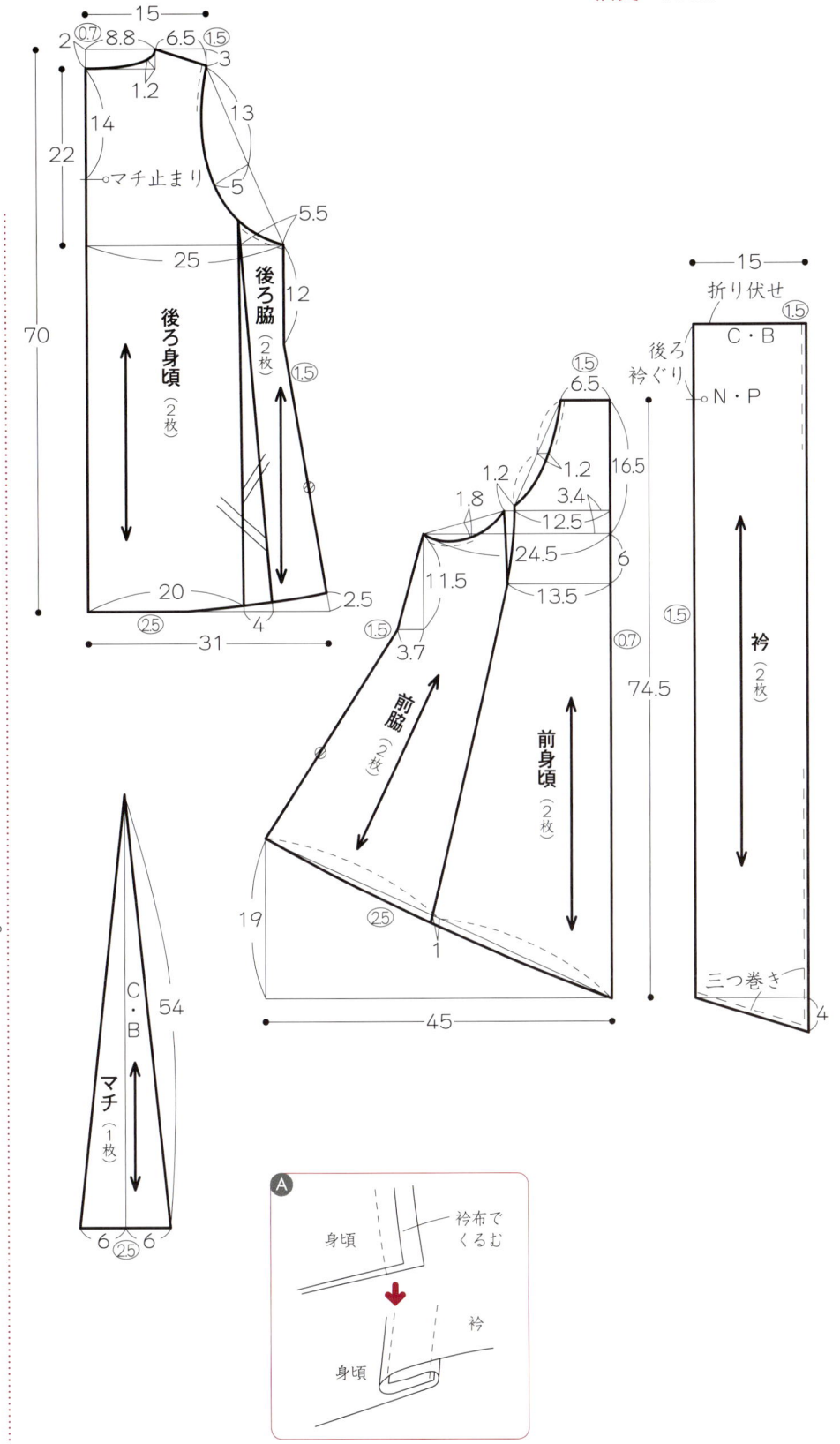

※製図上の○囲み数字は、ぬいしろです。指定以外はすべて1cm。

53ページ テーラードジャケット

着丈…52.5cm　袖丈…55.5cm

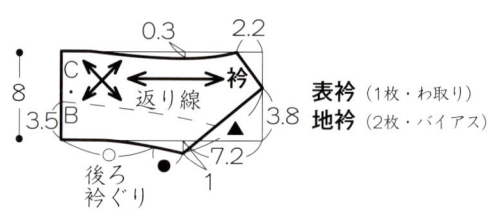

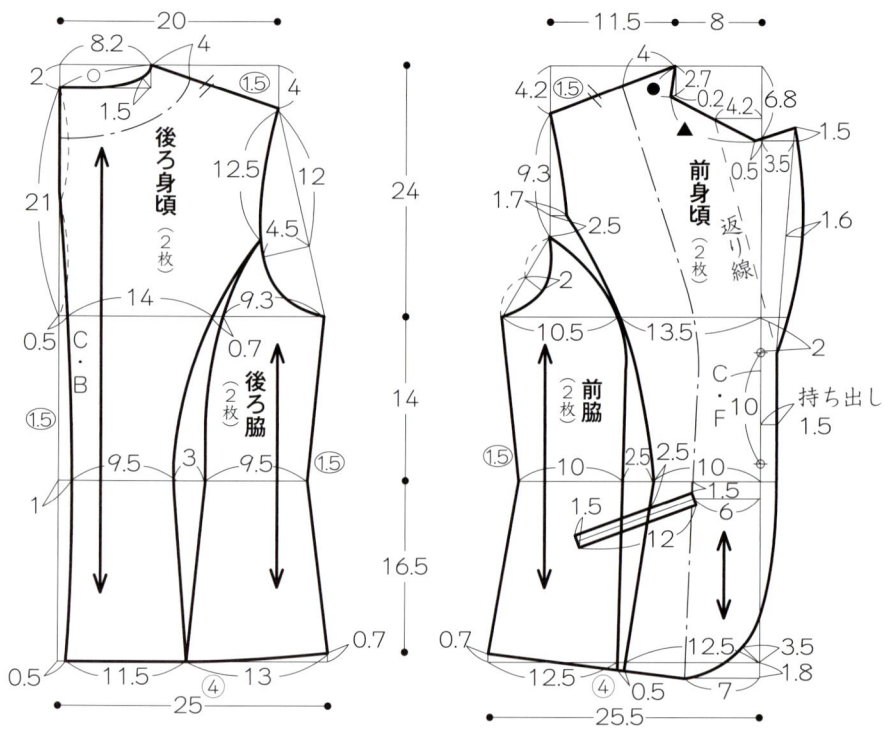

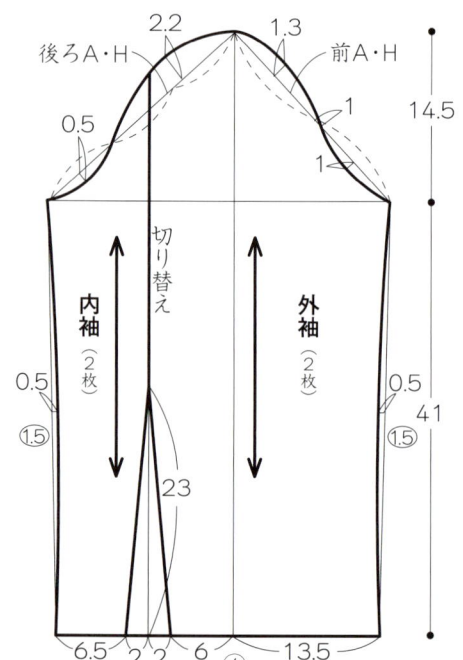

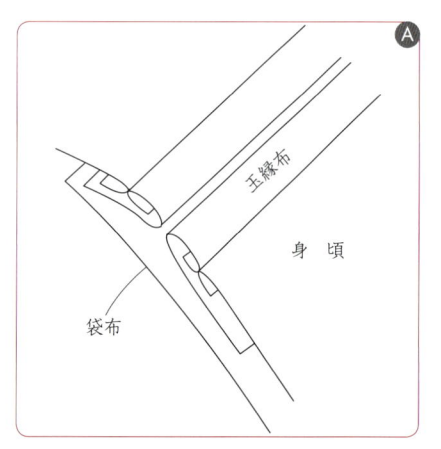

表衿（1枚・わ取り）
地衿（2枚・バイアス）

材料
- きもの…1枚（53ページのスカートとセットで）
- 接着芯…90cm幅×60cm（衿、見返し、玉縁布、ポケット口、袖口、裾）
- 伸び止めテープ…1cm幅×2m（衿ぐり、前端、前肩）
- ボタン…直径2cm×2個

作り方
1. 前身頃と前脇布を縫う
2. 玉縁ポケットを作る（A）
3. 後ろ身頃と後ろ脇布を縫う
4. 後ろ中心を縫う
5. 肩を縫う
6. 脇を縫う
7. 衿を作る
- ◆地衿の後ろ中心を縫う。
- ◆身頃と地衿を縫い合わせる。
8. 見返しを作る
- ◆見返しと表衿を縫い合わせる。
9. 袖を作る
- ◆外袖と内袖の切り替え線を縫う。
- ◆中表にして、袖下線を縫う。
- ◆袖山にぐし縫いをして、いせる。
- ◆袖口の始末をする。
10. 袖をつける
11. 裾の始末をする
12. 見返しと表衿をつける
- ◆身頃と見返しを中表に合わせ、前端、衿まわりを縫う。
- ◆表に返し、キザミ奥に四つ止めを入れる。
- ◆返り線から1cm奥平行に星止めを入れる。
13. ボタンホールをあける
14. ボタンをつける

※製図上の○囲み数字は、ぬいしろです。指定以外はすべて1cm。

8枚はぎスカート

53ページ

スカート丈…58cm

材料
- きもの…1枚（53ページのジャケットとセットで）
- 伸び止めテープ…1.5cm幅×5cm（ファスナー止まり）
- ベルト芯…2.5cm幅×70cm
- コンシールファスナー…22cm×1本
- 前カン…1セット
- スナップ…1セット

作り方
1. 前スカートと前脇布を縫う
2. 後ろスカートと後ろ脇布を縫う
3. 前中心、後ろ中心を縫う
4. 脇を縫う
5. ファスナーをつける
◆左端はファスナー止まりまで縫う。
6. ウエストベルトをつける
◆左後ろ側に、ウエストベルトの持ち出しがくるようにつける（A）。
7. ウエストに落としミシンをかける
8. 前カンとスナップをつける

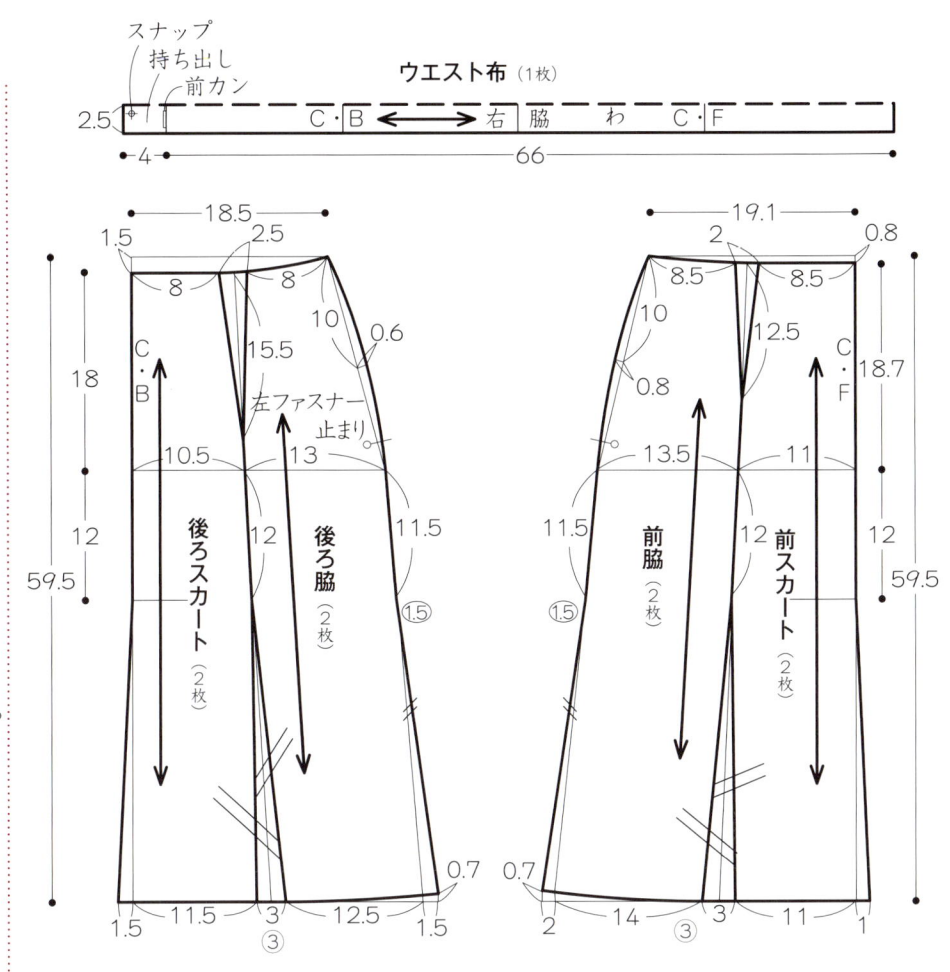

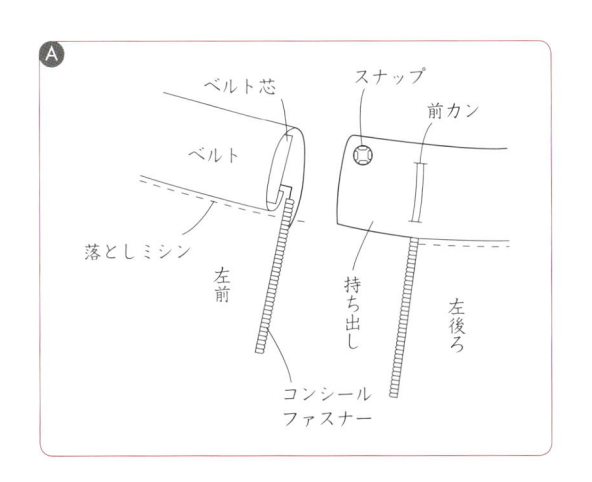

※製図上の○囲み数字は、ぬいしろです。指定以外はすべて1cm。

58ページ アメリカンスリーブブラウス

着丈…47.8cm

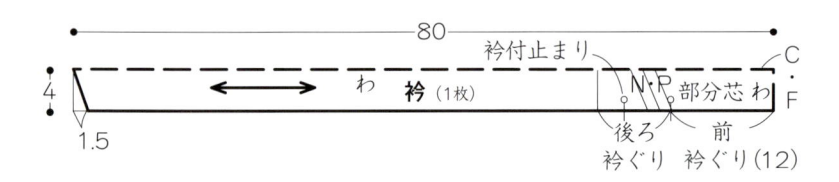

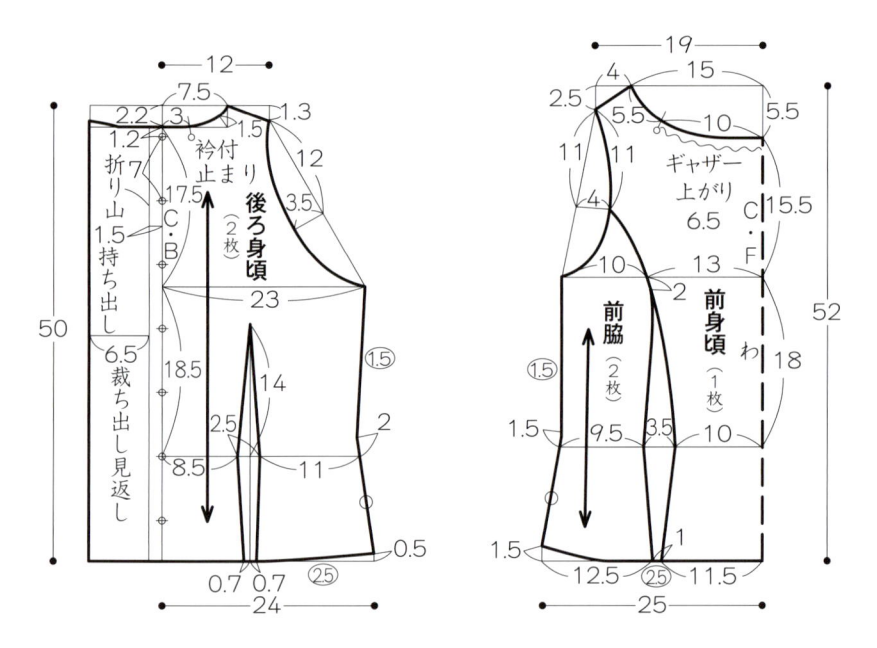

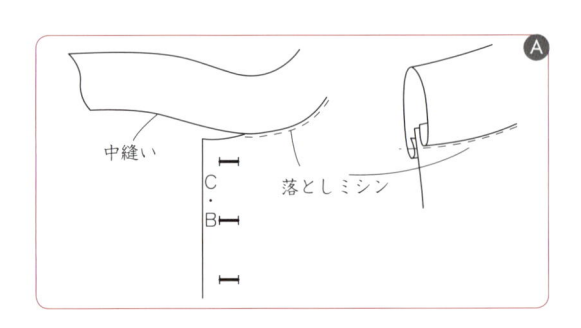

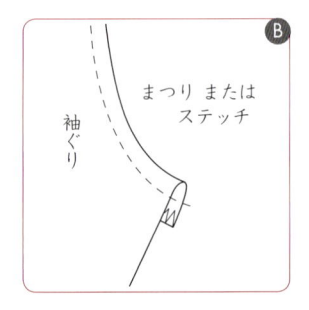

材料
きもの…1枚（スカートとセットで）
接着芯…90cm幅×50cm（衿、後ろ見返し）
ボタン…直径1.4cm×7個

作り方
1. 前身頃と前脇を縫う
2. 前身頃の衿ぐりにギャザーをよせておく
3. 後ろ身頃のダーツを縫う
4. 肩を縫う
5. 脇を縫う
6. リボンを縫う

◆衿付止まりまで、中縫いする。

7. 後ろ中心の裁ち出し見返しを始末する
8. 衿をつける

◆衿をつけ、落としミシンをかける（A）。

9. 袖ぐりの始末をする

◆袖ぐりはロックミシンをかけ、二つ折りにして、ステッチをかける。もしくは、まつる（B）。

10. 裾の始末をする
11. ボタンホールをつくり、ボタンをつける

※製図上の○囲み数字は、ぬいしろです。指定以外はすべて1cm。

タックスカート

58ページ

スカート丈(総丈)…63cm

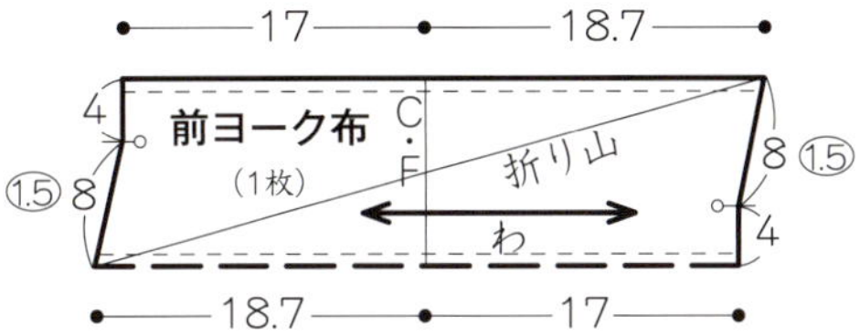

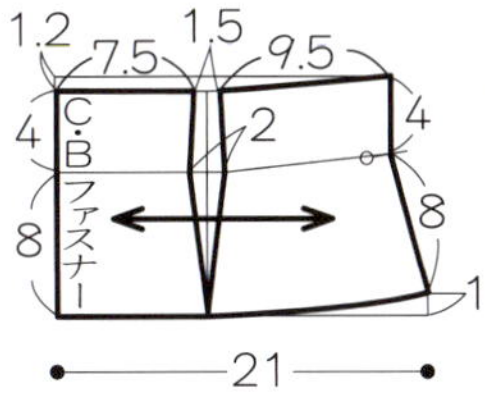

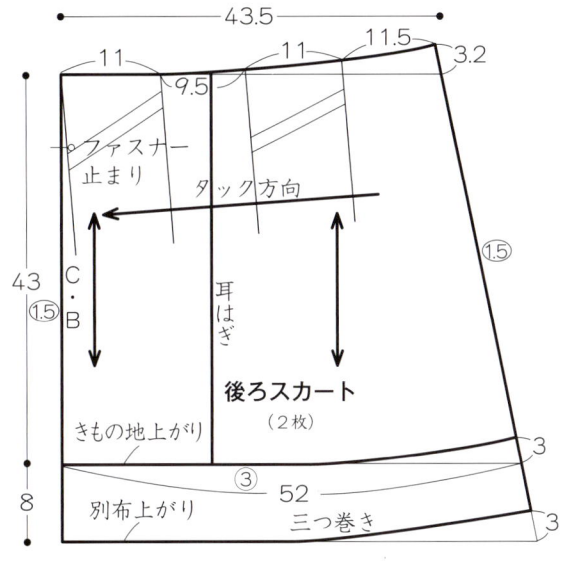

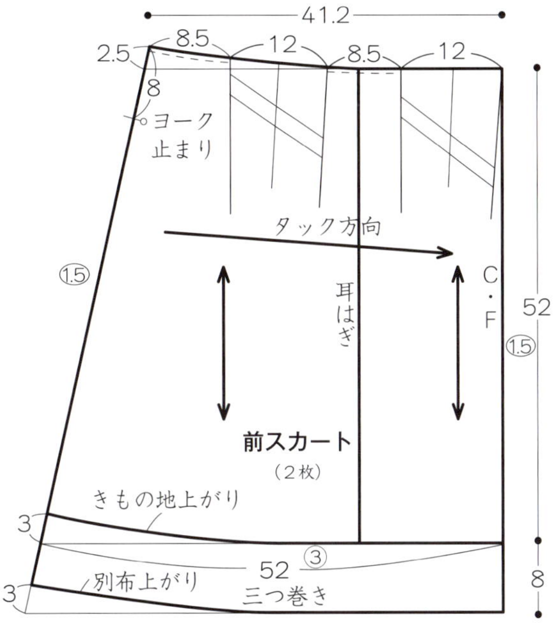

材料
きもの(スカートだけの場合)…2／3枚
別布(透け素材)…112cm幅×1.3m
接着芯…90cm幅×30cm（後ろヨーク両面、後ろヨーク見返し、前ヨーク全面）　伸び止めテープ…1cm幅×1.6m（後ろヨーク上下端、ファスナー止まり）　コンシールファスナー…22cm×1本　スプリングホック…1セット　グログランリボン…1.8cm幅×37cm

作り方
縫う前の準備◆きものの反幅(36cm前後)で耳はぎし、幅を2倍にして耳を割り、裁断する。

1　前ヨークを作る
◆中縫い後、わの部分で半分に折り、上下にステッチ。両サイドはロックミシン（A）。
2　後ろヨーク、見返しのダーツを縫う
3　スカートの前中心、後ろ中心を縫う
4　スカートの脇を縫う
◆ヨーク止まりまで縫い、前スカートのぬいしろに切り込みを入れる（B）。
5　別布も同様に縫う
6　表布と別布を合わせタックをとる
7　前ウエストラインの始末をする
◆グログランリボンを前スカートにたたきつけ、ステッチをかける。
8　後ろヨークとスカートをはぐ
9　ファスナーをつける
10　前スカートにヨークをねじって脇に仮止めする（C）
11　前後ヨークの脇を縫う
12　後ろヨークに見返しをつける
◆後ろ中心、脇をまつり止める。
13　後ろヨーク下に落としミシンをかける
14　前ヨークとスカートを中心で止める

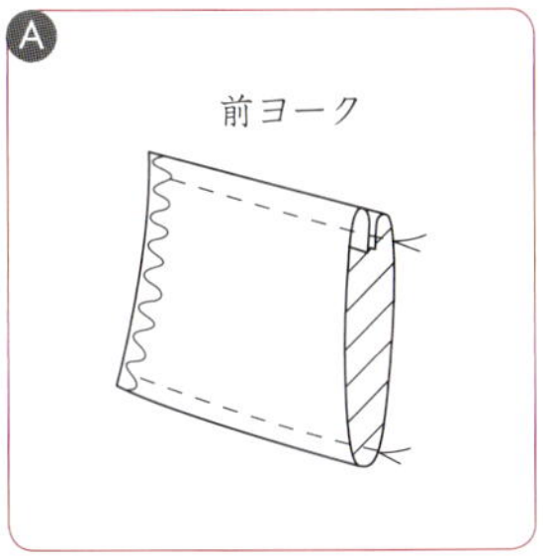

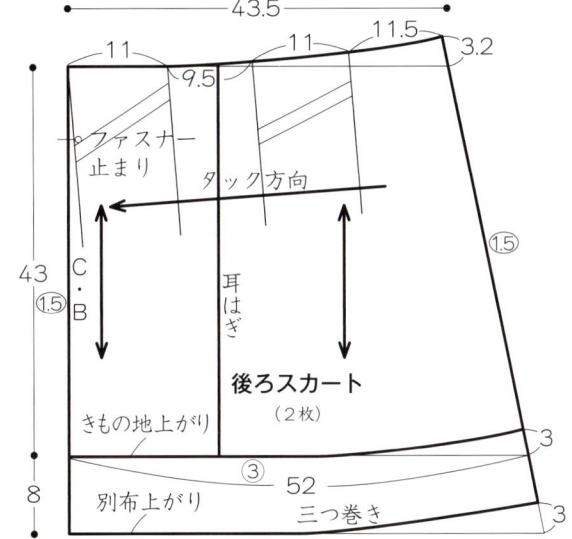

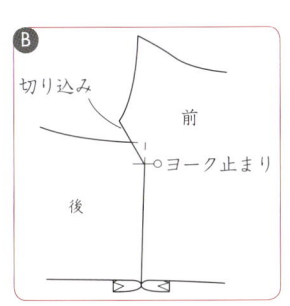

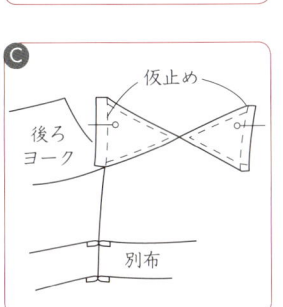

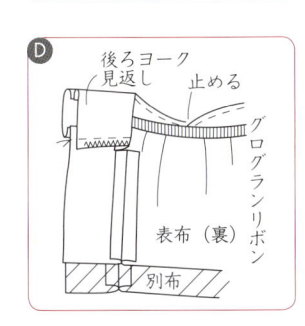

※製図上の○囲み数字は、ぬいしろです。指定以外はすべて1cm。

59・43ページ ブラウススーツのブラウス / キャップスリーブブラウス

着丈…52.8cm
長袖丈…55cm

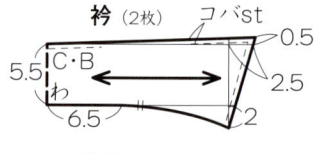

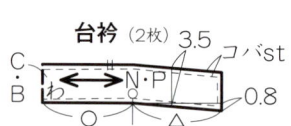

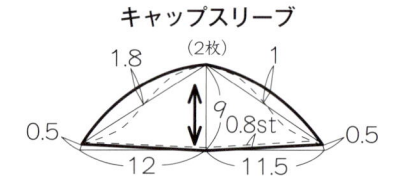

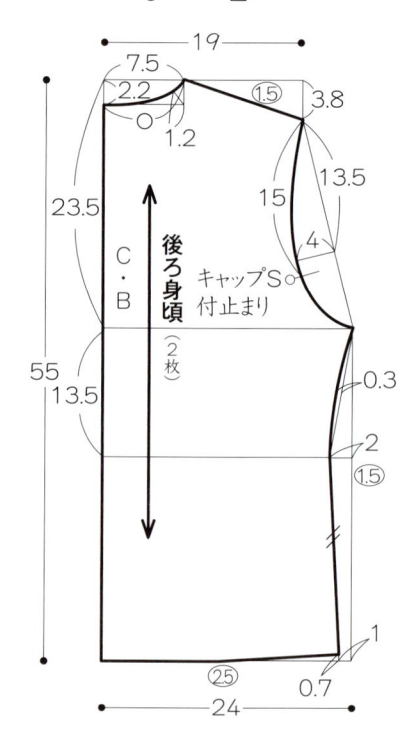

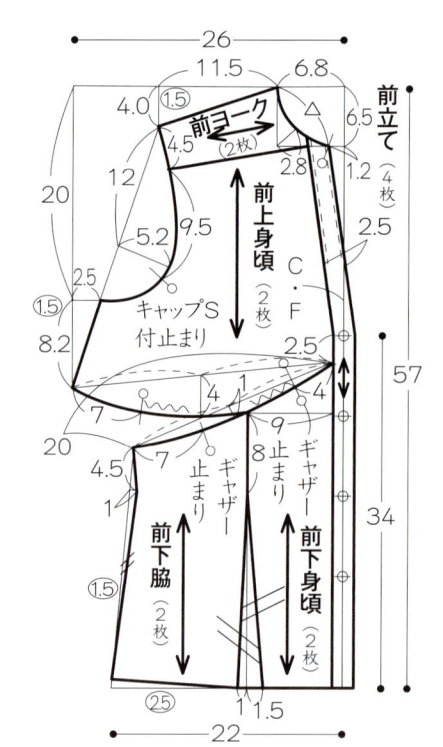

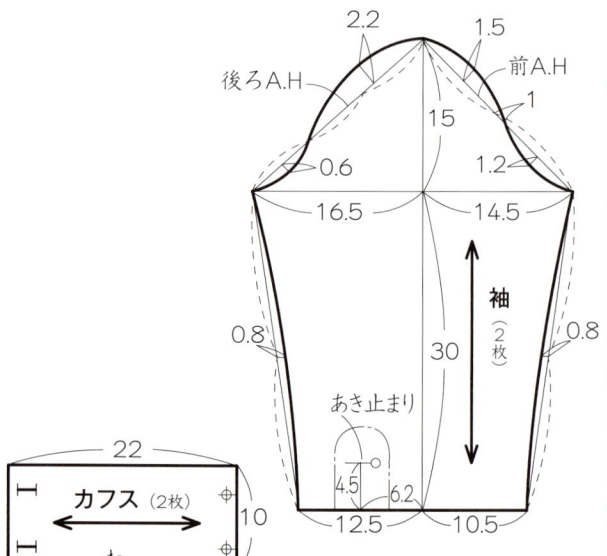

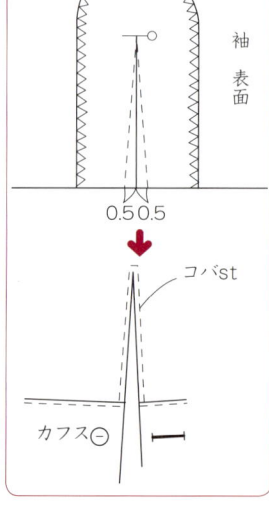

材料
羽織…1枚（長袖ブラウスと59ページのスカートとセットで）
八掛…1枚（キャップスリーブ）
接着芯…90cm幅×55cm（衿、台衿両面、前立て、カフス全面、見返し（長袖の袖口））
ボタン…直径1.5cm×8個（長袖）、直径1.5cm×4個（キャップスリーブ）

※キャップスリーブは八掛の取り都合により、前を肩ヨークにしています。
※長袖の袖幅は少々タイトなデザインです。

作り方
1. 前下身頃と前下脇を縫う
2. 前上身頃にギャザーをよせる
◆ヨークがつく場合は、前上身頃とヨークを縫い合わせる。
3. 前上身頃と下見頃を縫う
4. 後ろ中心を縫う
5. 肩を縫う
6. 脇を縫う
7. 前立てをつける
◆この時、衿を折り上げておく。
8. 衿を作り、身頃につける
◆衿を縫い、台衿と縫い合わせる。
9. 袖を作り、つける

長袖の場合
◆袖口のあきは、見返し仕立てにし、コバステッチをかける（A）。
◆カフスをつける。

キャップスリーブの場合
◆袖口を二つ折りし、端から0.8cmのステッチをかける。

10. 裾の始末をする
11. ボタンホールをあけ、ボタンをつける

※製図上の○囲み数字は、ぬいしろです。指定以外はすべて1cm。

ブラウススーツのタイトスカート

59ページ

スカート丈（ベルト下）…60.8cm

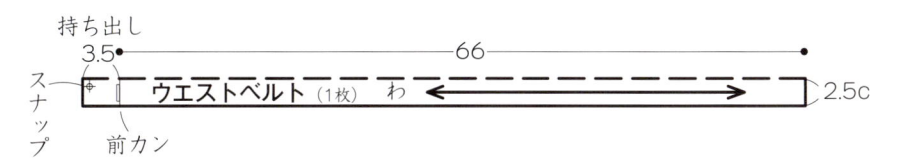

材料

- 羽織…1枚（スカートと59ページの長袖ブラウスとセットで）
- 裏地…90cm幅×100cm
- 伸び止めテープ…1.5cm幅×5cm（ファスナー止まり）
- コンシールファスナー…22cm×1本
- ベルト芯…2.5cm幅×70cm
- 前カン…1セット
- スナップ…1セット

作り方

縫う前の準備◆裏地は、前切り替えは続けて裁つ。

1. 前中心を縫う
2. 前、後ろのダーツをそれぞれ縫う
3. 後ろ中心を縫う

◆スリット止まりからファスナー止まりまでを縫う。

4. ファスナーをつける
5. 脇を縫う
6. 裏スカートを作る

◆裏地のダーツはタックにする。

7. 裏スカートに表スカートを重ね、ファスナーに止めつける（A）
8. ウエストベルトをつける（B）
9. 前カン、スナップをつける
10. スリットを縫う（C）
11. 裾の始末をする
12. 裏地を糸ループで止める

◆裾の両脇にそれぞれ4cmくらいの糸ループをつけ、止める。

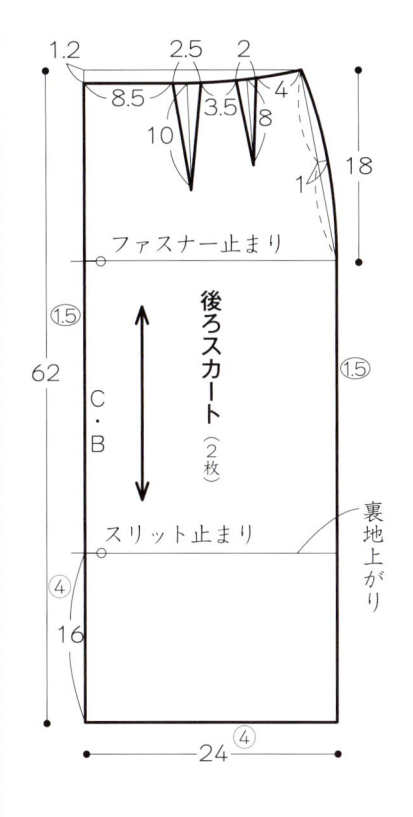

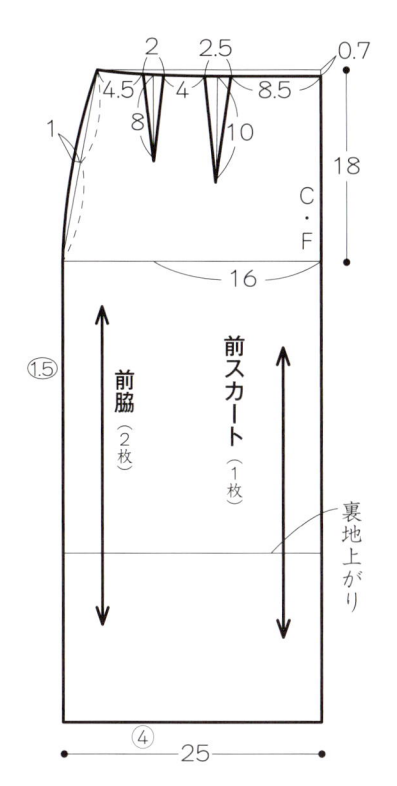

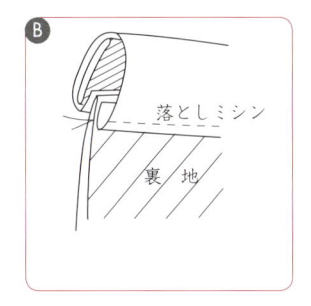

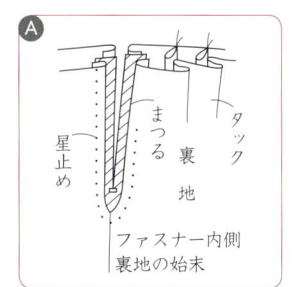

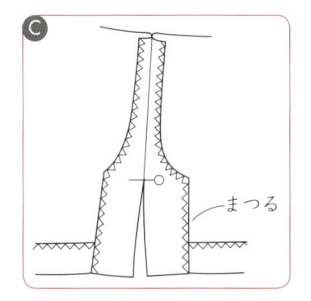

※製図上の○囲み数字は、ぬいしろです。指定以外はすべて1cm。

62ページ デザインラペルジャケット

着丈…50.8cm　袖丈…55.5cm

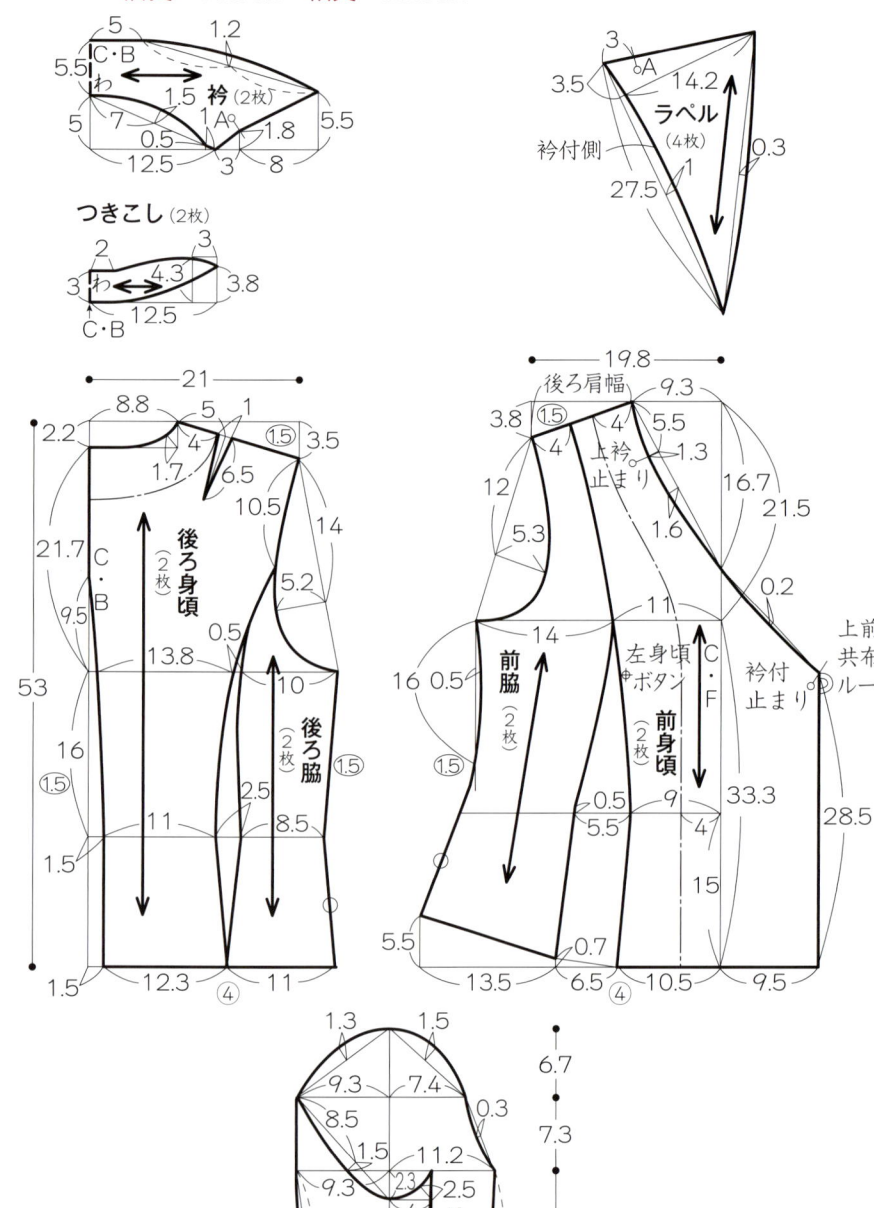

材料
きもの（留め袖）…1枚（ジャケットと62ページのスカートとセットで）
接着芯…90cm幅×1m（衿、ラペル、つきこし、見返し、裾ヘム）
伸び止めテープ…1cm幅×150cm（前衿ぐり～後ろ衿ぐり、前端）
ボタン…直径1.8cm×1個
スナップ…1セット

作り方
1. 前身頃と前脇布を縫う
2. 後ろ身頃の肩ダーツを縫う
3. 後ろ身頃と後ろ脇布を縫う
4. 後ろ中心を縫う
5. 衿を作る

◆上衿につきこしをはぎ、ラペルと縫い合わせ、衿を作る。

6. 肩を縫う
7. 脇を縫う
8. 袖を作る

◆内袖と外袖を縫い合わせる。
◆袖下を縫う。

9. 袖をつける
10. 見返しを作る
11. 衿をつける

◆身頃と見返しを中表にあわせ、衿をはさんで縫う。
◆右上前端に共布ループをはさむ。

12. 袖口の始末をする
13. 裾の始末をする
14. 左前身頃にボタンをつける

◆内側にスナップをつける。

※製図上の○囲み数字は、ぬいしろです。指定以外はすべて1cm。

ロングスカート

62ページ

スカート丈…96cm

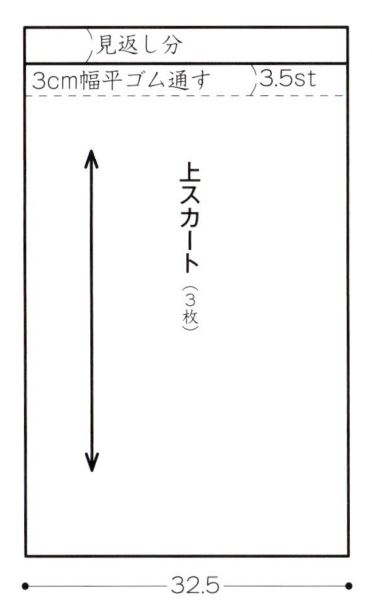

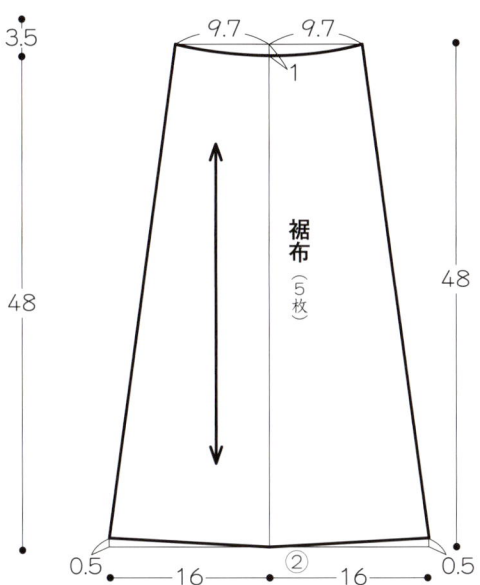

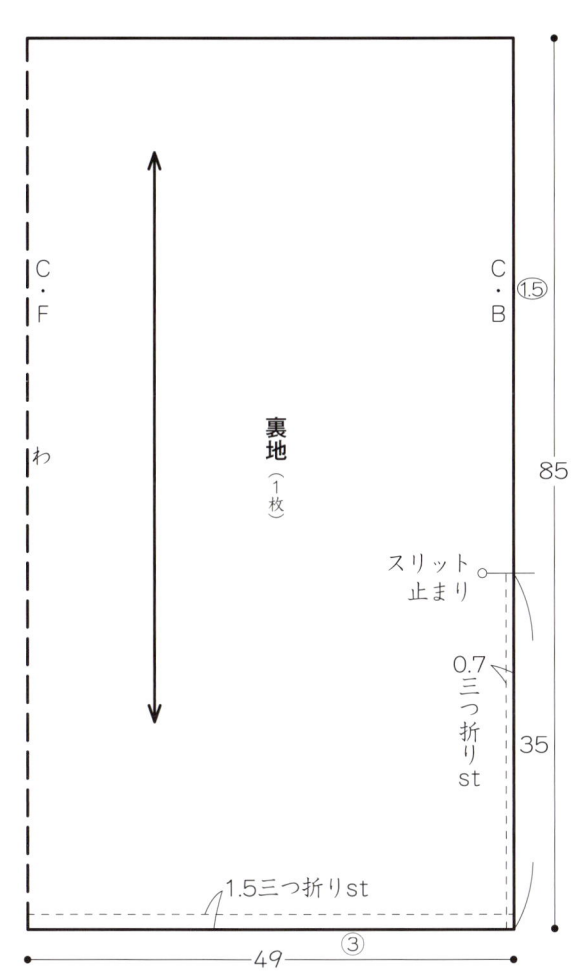

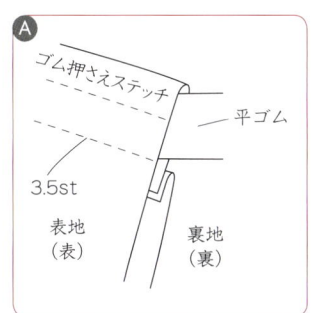

材料
きもの（留め袖）…1枚（スカートと62ページのジャケットとセットで）
裏地…122cm幅×100cm
平ゴム…3cm幅×66cm

作り方
1 上スカート3枚を縫い合わせる
◆筒状にすべて縫い合わせる。
◆見返しの1カ所に、ゴム通し口を作っておく。
2 裾布5枚を縫い合わせる
◆筒状にすべて縫い合わせる。
3 上スカートと裾布を縫い合わせる
4 裏地を縫う
5 表スカートと裏地を縫い合わせる
◆表スカートの見返し端と裏地を中表に合わせて縫う（A）。
◆見返しを折り、3.5cm幅でステッチをかける。
6 ウエストにゴムを通す
◆見返し中央に、ゴム押さえのためのステッチをかける。
7 裾の始末をする

※製図上の○囲み数字は、ぬいしろです。指定以外はすべて1cm。

63ページ きものスリーブドレス

着丈…134cm
ゆき丈…62.7cm

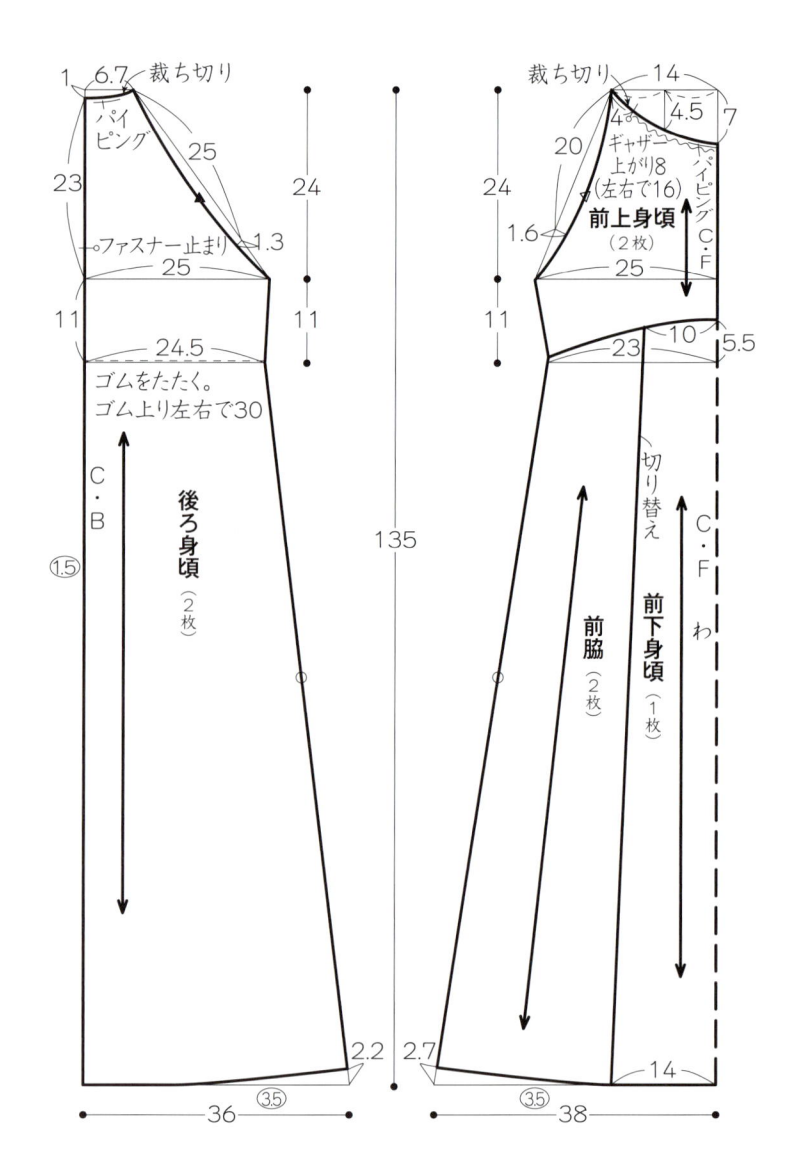

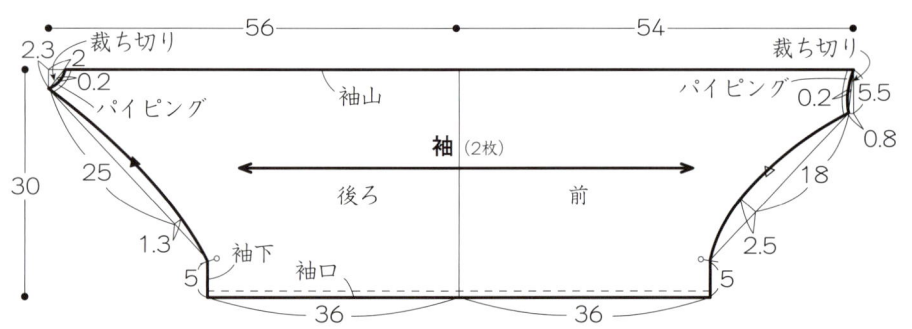

材料

きもの（留め袖）…1枚
接着芯…90cm幅×50cm（衿ぐりパイピング布）
伸び止めテープ…1.5cm幅×60cm（衿ぐり、ファスナー止まり）
コンシールファスナー…22cm×1本
平ゴム…0.6cm幅×30cm
衿ぐりパイピング布（共布）…正バイヤスで3.2cm幅×約60cm

作り方

1 後ろ中心を縫う
◆ファスナー止まりまでを縫う。
2 ファスナーをつける
3 後ろ身頃にゴムをつける
◆右脇から左脇まで、つけ位置にゴムをたたきつけ、ギャザーを寄せる。
4 前上身頃の前中心を縫う
5 前下身頃と前脇布を縫う
6 上身頃と下身頃を縫い合わせる
7 脇を縫う
8 袖を作り、身頃につける
◆袖山を縫う。
◆袖ぐりの△と▲と、袖の△と▲を合わせ縫う。
9 前衿ぐりにギャザーをよせる
10 衿ぐりをパイピングで始末する
11 袖口の始末をする
◆二つ折りにし、0.8cm幅のステッチ、またはまつる。
12 裾の始末をする

※製図上の○囲み数字は、ぬいしろです。指定以外はすべて1cm。

ナローラインスカート

スカート丈…78cm / 57ページ

材料
きもの…1枚（スカートと57ページのジャケットとセットで）
裏地…122cm幅×75cm
平ゴム…3cm幅×66cm

作り方
1 上スカート3枚を縫い合わせる
◆筒状にすべて縫い合わせる。
◆見返しの1カ所に、ゴム通し口を作っておく。
2 裾布5枚を縫い合わせる
◆筒状にすべて縫い合わせる。
3 上スカートと裾布を縫い合わせる
4 裏地を縫う
5 表スカートと裏地を縫い合わせる
◆表スカートの見返し端と裏地を中表に合わせて縫う（A）。
◆見返しを折り、3.5cm幅でステッチをかける。
6 ウエストにゴムを通す
◆見返し中央に、ゴム押さえのためのステッチをかける。
7 裾の始末をする

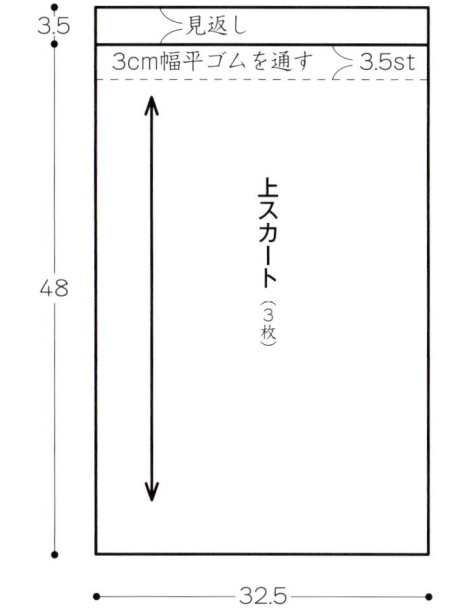

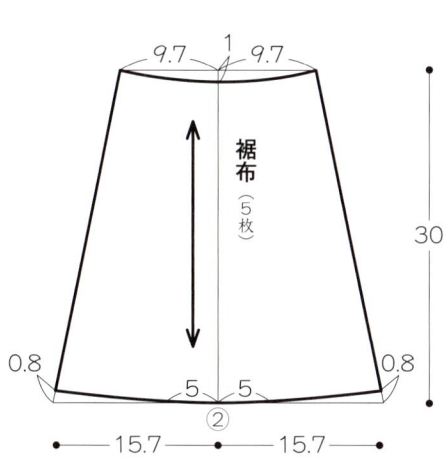

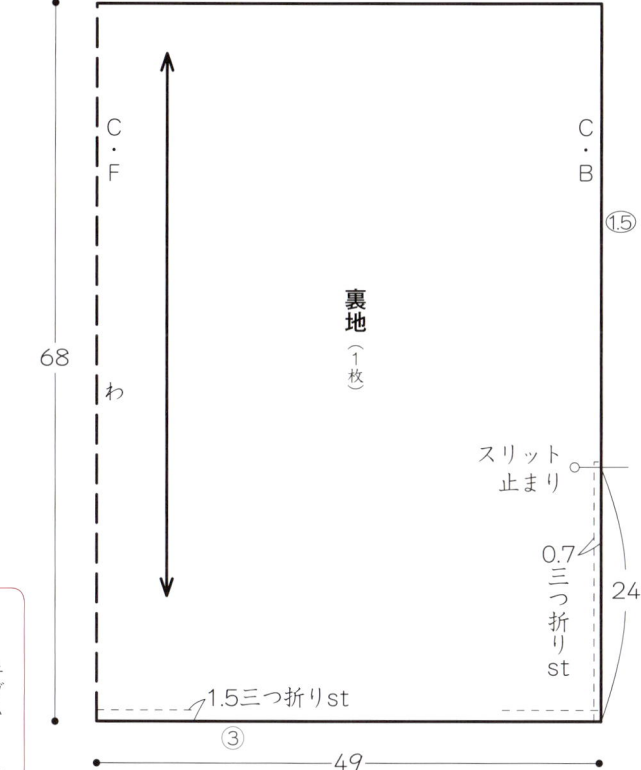

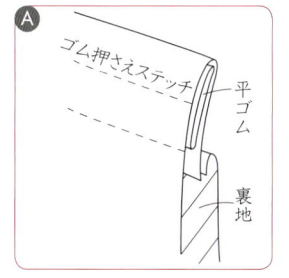

※製図上の○囲み数字は、ぬいしろです。指定以外はすべて1cm。

64ページ 白無垢コサージュつきドレス

スカート丈…97cm（前中心W.Lから）

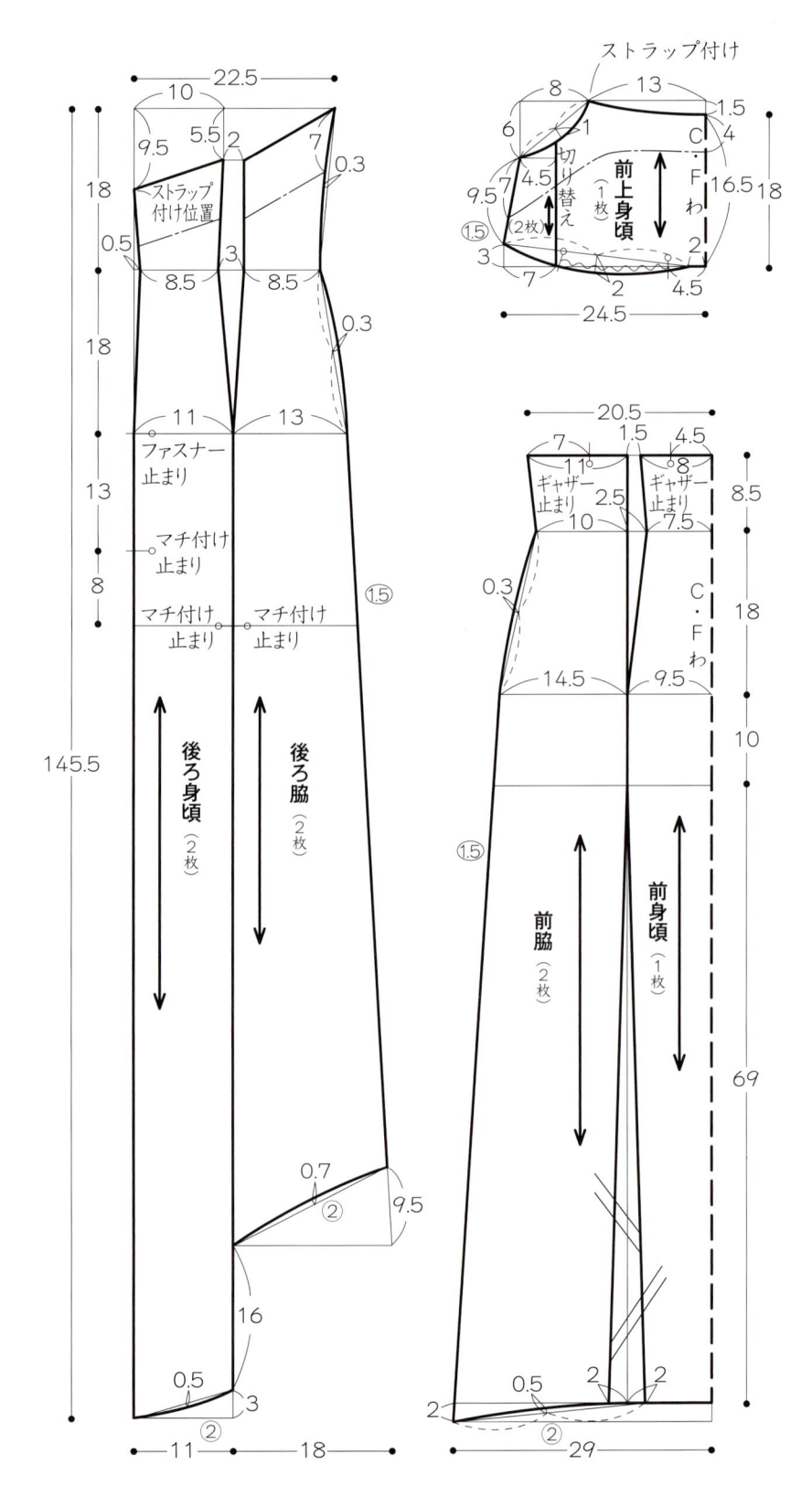

材料
- きもの（白無垢）…1枚
- 裏地…90cm幅×4m（全面）
- 接着芯…90cm幅×30cm（見返し）
- 伸び止めテープ…1cm幅×1m（前・後身頃上端、ファスナー止まり）
- コンシールファスナー…34cm×1本
- パールストラップ…38cm×2本
- スプリングホック…1セット

作り方
1. 前上身頃の切り替えを縫う
◆ギャザー分、ギャザーをよせておく。
2. 前身頃と前脇布を縫う
3. 前上身頃と前身頃を縫う
4. 後ろ身頃と後ろ脇にマチをつけ、縫う
5. 裏地も同様に縫う
6. ファスナーをつける
◆後ろ中心にコンシールファスナーをつける。
7. 脇を縫う
8. 見返しと裏地を合わせて縫う
9. 裏地の後ろあきをファスナーにまつりつける
10. ホックと糸ループをつける
11. ストラップ（肩ひも）をつける
◆試着をし、長さを調整して、内側にまつる。
12. 裾の始末をする

※製図上の〇囲み数字は、ぬいしろです。指定以外はすべて1cm。

コサージュ

材料
表地…ドレス残布
オーガンジー…90cm幅×60cm
コサージュピン…1個、
接着芯…厚手90cm幅×30cm（花びら外）、薄手90cm幅×100cm
ベルト芯…4cm×4cm

作り方

1　花びら(外)を作る
◆2枚を中表に合わせ、タックのある辺を返し口にして縫い、表に返す。
◆タックをたたみ仮止めする。これを5枚作る。

2　花びら(中)を作る
◆わの状態でギャザーを寄せ10cmに縮める。

3　リボンとリボンのたれを作る
4　花芯を3つ作る
◆ぐし縫いして縮める（A）。

5　当て布を作る
◆ベルト芯で直径4cmの円を作る。
◆表地に接着し周りをぐし縫いする（B）。
◆コサージュピンをしっかり止めつける。

6　組み立てる（C）
◆花芯3つを糸でくくり、その周りに花びら(中)を巻きつけるように止める。
◆さらにバランスよく花びら(外)を止める。
◆リボンとたれを形良く止める。
◆裏側に当て布を、まつりつける。

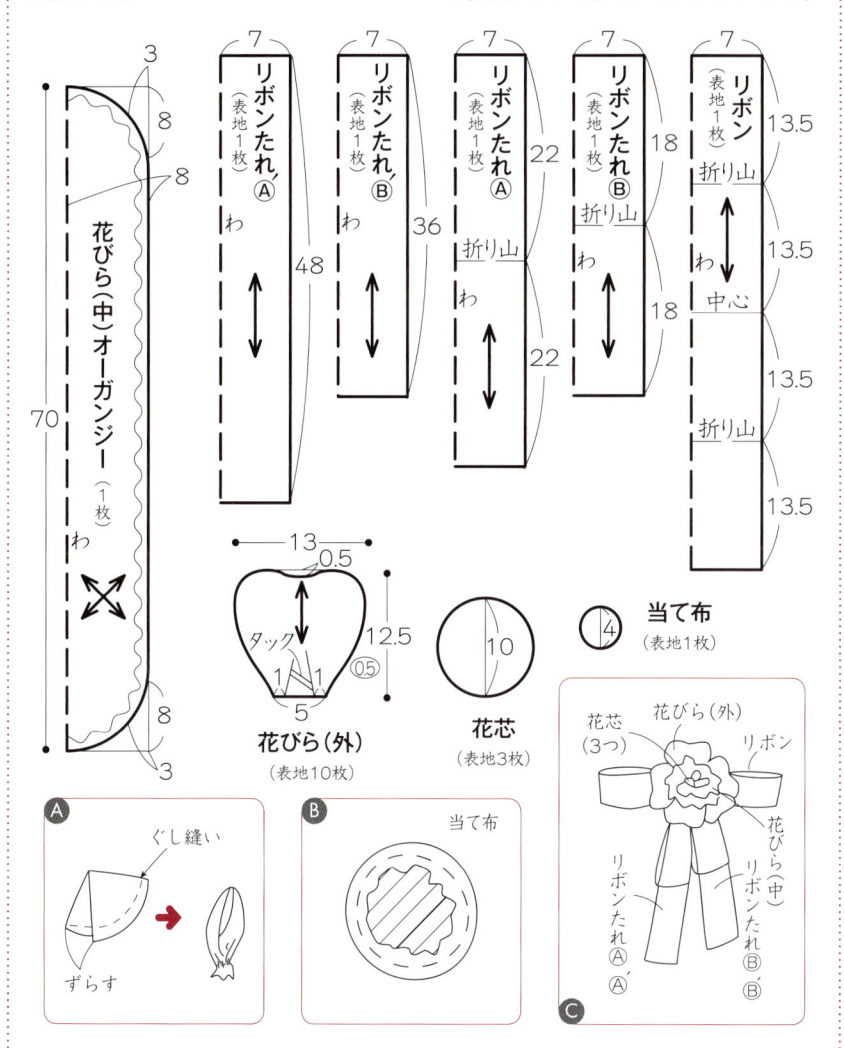

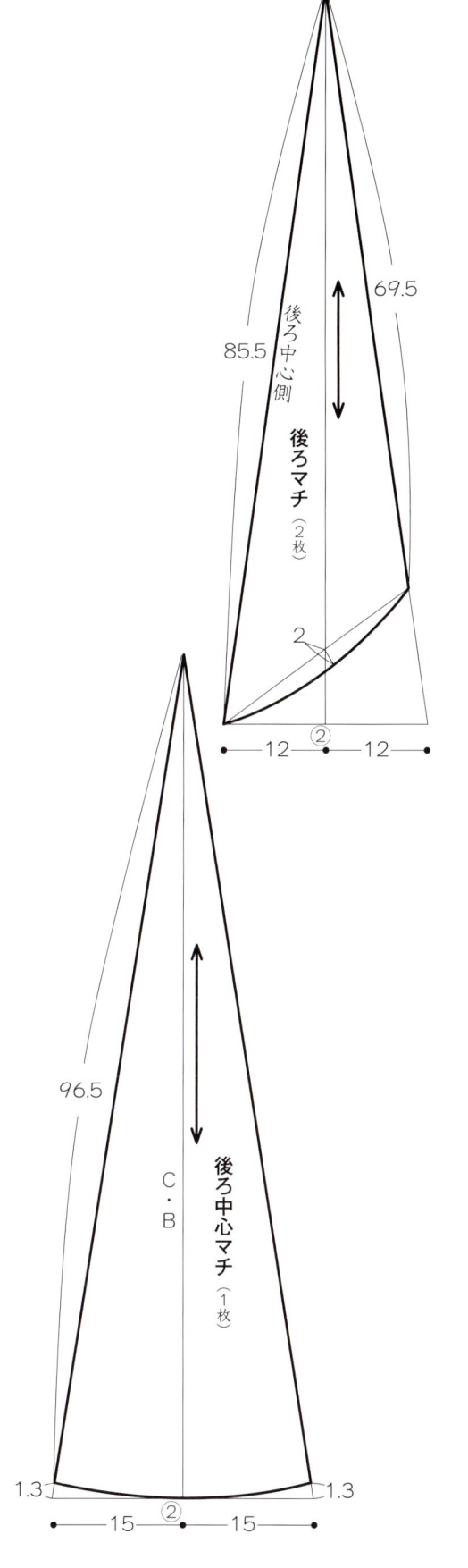

※製図上の○囲み数字は、ぬいしろです。指定以外はすべて1cm。

64ページ 振り袖ドレス

スカート丈…96cm（W.Lから）

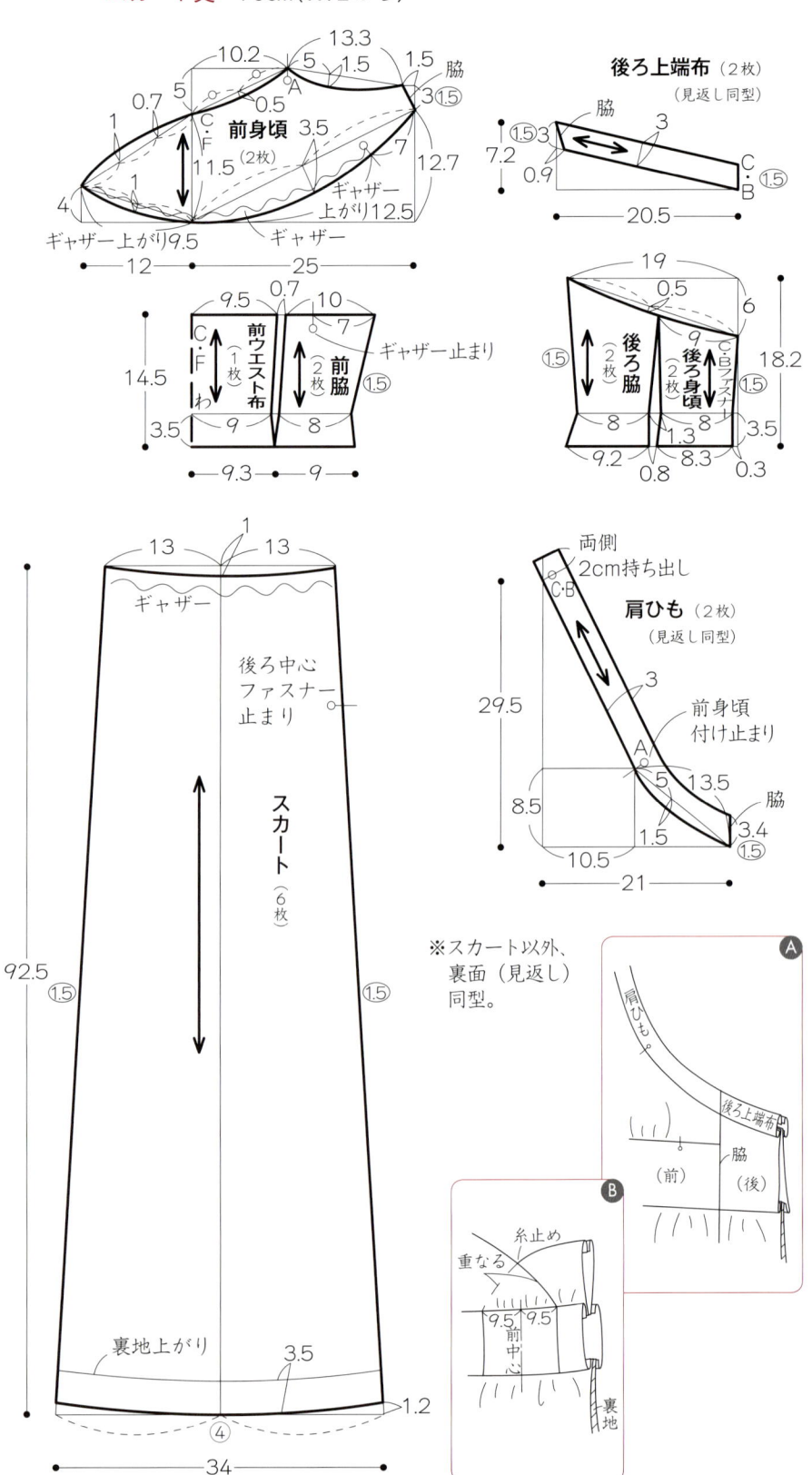

材料

きもの（振り袖）…1枚
裏地…90㎝幅×2.8m　接着芯…90㎝幅×60㎝（肩ひも両面、前ウエスト布両面、後ろ身頃両面、後ろ上端布両面、前脇両面、後ろ脇両面）
伸び止めテープ…1cm幅×1.7m（ウエスト布上下、ファスナー止まり）
ボタン…直径1.8㎝×1個　コンシールファスナー…34㎝×1本　スプリングホック…1セット

作り方

1. 前ウエスト布と前脇布を縫う
2. 前身頃とウエスト布を縫う
◆前身頃にギャザーをよせて、縫い合わせる（A）。
3. 後ろ身頃と後ろ脇布を縫う
4. 脇を縫う
5. 肩ひもと後ろ上端布を縫い合わせる
6. 身頃に肩ひもをつける
◆後ろ身頃端から前身頃の端に、肩ひもをつける（A）。
7. スカートを作る
◆表スカート6枚を縫い合わせる。後ろ中心はファスナー止まりまで縫う。
8. 上身頃とスカートを縫い合わせる
9. ファスナーをつける
◆後ろ中心にコンシールファスナーをつける。
10. 裏地を作る
11. 裏地の後ろあきをファスナーにまつりつける
12. 肩ひもの後ろ中心にボタンホールをあけ、ボタンをつける
◆試着をし、ボタンの付け位置を調整する。
13. 前身頃上端を中心で糸止めをする（B）
14. 裾の始末をする

※製図上の○囲み数字は、ぬいしろです。指定以外はすべて1cm。

白無垢ホルターネックドレス

スカート丈…103cm（前中心W.Lから）

64ページ

材料
- きもの（白無垢）…1枚
- 裏地…90cm幅×3.4cm（全面） 接着芯…90cm幅×10cm（後ろ見返し）
- 伸び止めテープ…1cm幅×1.1m（衿ぐり、袖ぐり、ファスナー止まり）
- 平ゴム…2.5cm幅×36cm
- コンシールファスナー…38cm×1本　スプリングホック…1個

作り方
1. 前上身頃の中心を縫う
◆ギャザー分、ギャザーをよせておく。
2. 前身頃と前脇布を縫う
3. 前上身頃と前身頃を縫う
4. 後ろ身頃と後ろ脇を縫い、マチをつける
5. 後ろ中心と後ろ中心マチを縫う
6. 裏地を同様に縫う
7. ファスナーをつける
◆後ろ中心にコンシールファスナーをつける。
8. 脇を縫う
9. 肩ひもを縫う
◆前上身頃の肩に仮止めする。
10. 表地と裏地を合わせて縫う
◆前上身頃は即裏仕立て。
◆後ろ上端は見返しとはぐ。
11. 後ろ上端にゴムテープを通す
◆表地と裏地の間にゴムテープを通しながら、ステッチをかける。
◆試着してゴムの長さを調整し、脇にミシンで止める。
12. 裏地の後ろあきをファスナーにまつりつける
13. ホックと糸ループをつける
14. 裾の始末をする

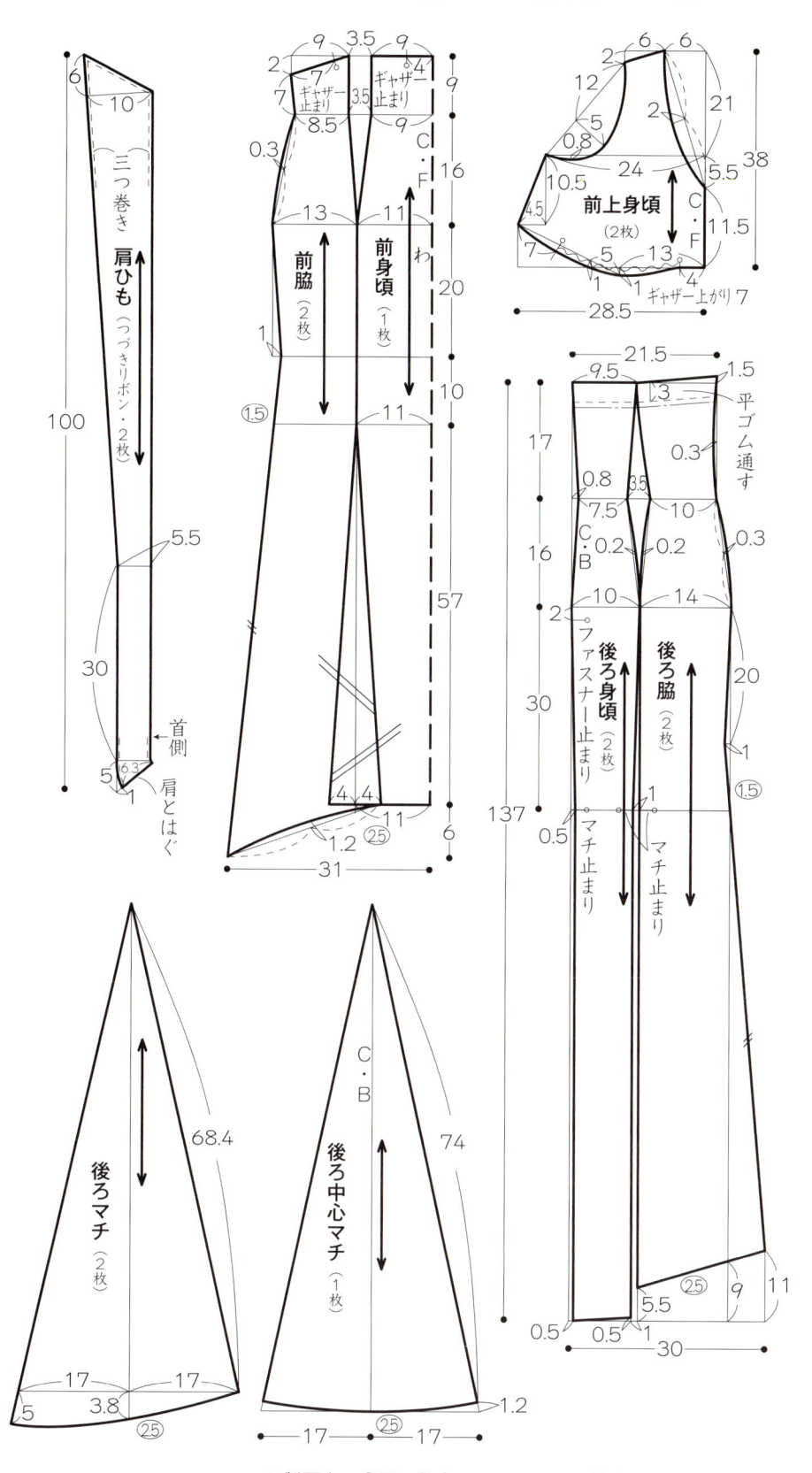

※製図上の○囲み数字は、ぬいしろです。指定以外はすべて1cm。

デザイン・製作
羽山みな子
服飾学校を卒業し、企業にて22年間パタンナーとして活躍。
その後、企画、デザインも手がけた経験を活かし、2001年に着物リメイクのアトリエ、アトリエ・フィルを設立。
きものリメイクのオーダー、作品の製作を行う。西東京市できものリメイクの教室も開催している。
http://minako-hayama.com

佐藤智子
羽山みな子の手がけるきものリメイクの作品に出会い、伝統的な着物の美しさ、素材の良さに感動し、「きものリメイク」に
かかわる仕事をスタートする。2003年、東京・茗荷谷にショップ「エブリン」を設立し、「たんすあけるプロジェクト」をたちあげる。

製 作 スタッフ
萩野谷美香、浜口美智枝、松原俊夫、黒田澄子、越智瑛子

撮 影
和田直美

スタイリング
荻津えみこ

ヘア＆メイク
秋月里美

モデル
松田佳子、石井たまよ、雅子

トレース
中野ひろみち、寺崎美和子(CM)

校 正
くすのき舎

装丁・デザイン
野田明果

編集協力
山田菜見子

編集担当
佐藤久美(永岡書店編集部)

◆◇◆◇◆◇◆◇◆◇◆◇◆◇◆◇◆◇◆◇◆◇◆◇◆◇◆

今、着たい服が作れる
きものリメイク スタイルブック 全作品製図つき

著者　羽山みな子　佐藤智子
発行者　永岡純一
発行所　株式会社永岡書店
　　　　〒176-8518 東京都練馬区豊玉上1-7-14
　　　　TEL03-3992-5155(代表)　03-3992-7191(編集)
組版　センターメディア
製版　編集室クルー
印刷　横山印刷
製本　ヤマナカ製本

ISBN978-4-522-42682-1 C2076
落丁本・乱丁本はお取り替えいたします。
本書の無断複写・複製・転載を禁じます。⑯

撮影協力
IKUKO
東京都港区南青山5-6-14 中島ビル1F
http://www.ikuko.co.jp/
imac（imac、Planet）
https://www.imac-jewelry.com
インターモード川辺
東京都新宿区四谷4丁目16番3号
03-3352-7123（代表）
https://www.kawabe.co.jp/
override
東京都渋谷区東2-16-10
03-3499-3330（代表）
https://overridehat.com/
エドウイン
東京都品川区上大崎2-24-9 アイケイビルディング2F
0120-008-503
https://edwin.co.jp/shop/default.aspx
銀座ヨシノヤ（フレスカ）
東京都中央区銀座6-9-6
03-3865-8640
http://www.ginza-yoshinoya.co.jp
サンエース
東京都中央区日本橋富沢町7-16
03-3661-5511
https://sun-ace.co.jp
ダイアナ 銀座本店（ダイアナ、ダイアナ ウェルフィット）
東京都中央区銀座6-9-6
03-3573-4001
Blondoll 新丸の内ビル店
東京都千代田区丸の内1-5-1 新丸の内ビルディング3F
03-3287-1230
http://blondoll.co.jp
マーク アンド プラス（ハンドレッドパーセント）
東京都渋谷区神宮前5-45-3 CASA中澤1F
03-3406-6662
http://mark-and-plus.com
南青山レヴィKショップ
東京都港区南青山6-2-13
03-3407-0131
https://www.rakuten.co.jp/revkshop/